学校家庭教育指导教师用书

（小学低段）

主　编　江守福

副主编　王梅智　陈　涛　魏　琛　朱桃英

编　委　（按姓氏笔画顺序）

　　　　王　君　闫　宁　王玉秀

　　　　马建华　刘佳佳　韩　娜

　　　　郭　斐　熊小莹　戴翠香

中国海洋大学出版社

·青岛·

图书在版编目（CIP）数据

学校家庭教育指导教师用书. 小学低段/江守福主编. -- 青岛：中国海洋大学出版社，2022.12
ISBN 978-7-5670-2979-8

Ⅰ. ①学… Ⅱ. ①柴… Ⅲ. ①小学－学校教育－合作－家庭教育－教学参考资料 Ⅳ. ①G626

中国版本图书馆CIP数据核字（2021）第216049号

学校家庭教育指导教师用书（小学低段）
XUEXIAO JIATING JIAOYU ZHIDAO JIAOSHI YONGSHU（XIAOXUE DIDUAN）

社　　址	青岛市香港东路23号　　邮政编码　266071
出 版 人	刘文菁
网　　址	http://pub.ouc.edu.cn
订购电话	0532－82032573（传真）
责任编辑	董超
印　　制	青岛中苑金融安全印刷有限公司
版　　次	2022年12月第1版
印　　次	2022年12月第1次印刷
成品尺寸	185 mm × 260 mm
印　　张	11.25
字　　数	233 千
印　　数	1～1 000
定　　价	59.80元

发现印装质量问题，请致电0532-85662115，由印刷厂负责调换。

前言

本书主要服务于小学低年级学段(1—3年级)教师的家庭教育指导交流和家长学校培训活动,以家校合作进行社会情感能力培养为基本视角,按照"小学低段儿童发展中常见、家庭教育中矛盾突出、有助于学生更好适应漫长学校生活"的原则选取了18个主题,涉及家校沟通、情绪管理、学习能力培养、生活习惯养成、人际关系问题处理五个方面。本书不以系统理论见长,而是关注家庭教育需求的群体差异,注重在家庭教育指导活动中的实用性、灵活性,将理论渗透于鲜活的案例中,以系列主题的方式呈现课程内容,教师可根据现实需要选择和借鉴。

目 录

家校沟通篇

主题 1	有效的家校沟通	3
主题 2	辨别不同家庭的教养方式	13
主题 3	家长的合理期望	22

情绪管理篇

主题 4	无条件的情绪接纳	33
主题 5	亲子冲突中的家长情绪管理	41
主题 6	学会给孩子积极暗示	50
主题 7	和孩子一起面对挫折	58

学习能力培养篇

主题 8	寻找学习的动力	69
主题 9	培养孩子的专注力	81
主题 10	培养孩子的阅读能力	88
主题 11	电子产品的"迷与瘾"	96

生活习惯篇

主题 12	规矩与约束是健康成长的必需品	105
主题 13	培养小学生的生活管理能力	114
主题 14	教孩子管理时间	123

人际关系篇

主题 15	同伴的力量	133
主题 16	处理同伴间的一般性冲突	140
主题 17	多子女家庭的关系重构	149
主题 18	正确面对校园欺凌	158

家校沟通 篇

有效的家校沟通

家校沟通是为了形成家校教育合力,更好地帮助学生发展。但现实中一些学校的家校沟通工作是以学校为本位的,教师在家校沟通过程中常以权威者自居,不注意家校沟通的方式,很容易引起家长对教师的质疑甚至反感。本主题旨在帮助教师正确理解家校合作,学会有效的家校沟通方式,构建家校合作共同体。

一、案例描述

戴老师是一位一年级学生的班主任。在进行入学教育时,她发现有的学生缺乏集体生活的规则意识:课上自由散漫、不会听讲,东张西望;教室里不时响起桌椅挪动的声音,一节课结束,桌椅歪歪扭扭。

经过一段时间的细心观察,她发现学生静不下来是因为他们不懂得遵守课堂规则。

为帮助学生尽快适应,戴老师训练学生学会静坐,达到使学生专心听课的效果。为让训练更加连贯、系统、有效,戴老师想到了家校合作。她用一周的时间将学生的日常表现,包括晨读、课间、上课、午餐、路队时的状态,以录制小视频、拍照片的方式呈现给全班家长,借此方式,让家长客观了解孩子的在校表现。果然,家长们看到照片和视频后都很重视,在感慨戴老师细心反馈的同时,也发现了孩子们之间的差距,纷纷主动向老师请教方法。

借此契机,戴老师建议学生每天回家静坐 10 分钟,要求坐姿端正,目视前方,凝神静气。一周后,有七八个女同学能长时间地安静听讲,其他同学也比刚开学时有进步。前 15 分钟,所有学生都能做到安静、专注地听讲。看到学生的表现,戴老师感受到了静坐练习对提高学生专注力的效果。为巩固训练效果,她继续及时地把学生的表现以录制小视频、拍照片的方式呈现给家长。

第二周的训练时间延长到 15 分钟,学生上课时一天比一天安静,一天比一天专注。半个月后,戴老师发现女生中只有三四个同学专注度不高;多数精力旺盛的男生也能坐住半节课。学生的进步让戴老师和家长们获得成就感的同时,也让家校双方有了继续坚持下去的动力。戴老师与那些专注度不高的学生的家长单独进行了一次交流,表扬学生的进步,感谢家长的付出;同时,明确表示学生还有很大的提升空间,建议家长严格要求,加强督促,提高标准。经过老师的鼓励,家长表示一定配合老师,严格要求,争取能让孩子的表现"更上一层楼"。

第三周开始后,学生或多或少地出现了逆反情绪。于是,戴老师想到了一个既能激发训练兴趣,又可以让学生坚持下去的新方法。戴老师将静坐时间延长至20分钟,邀请科任教师根据学生上课表现进行过关式评价,以评价决定第四周是否继续静坐训练。老师则根据学生听讲的专注度与参与度进行笑脸累计评价,以笑脸个数决定学生是否过关,考查时长为一周。这一举措得到了家长和学生的赞同,很多家长希望老师多拍照片和视频,让家长更全面地了解孩子的在校表现,从而更好地帮助孩子养成良好的习惯,并随时和老师交流孩子在家训练的情况。三周结束后,学生都有了不同程度的进步,女生的进步尤为明显。

但这个阶段,兰兰(化名)的表现显得格格不入:不仅听讲注意力不集中,还表现出不爱学习的状态。其实,最初兰兰的表现尚可,但在后续训练中,她的问题越来越突出。

针对兰兰的表现,戴老师决定与其家长单独沟通。据家长反馈,孩子在幼儿园和幼小衔接期间的表现不错,因此想当然地认为孩子上学后表现肯定不错,所以并未按要求进行训练。听了家长的反馈,戴老师把兰兰这一阶段的表现与家长进行了交流,家长听后也非常着急,不停询问应怎样提高孩子的注意力。戴老师根据兰兰的表现建议家长从训练孩子静坐开始,坚持一段时间后再观察效果,平时与老师多交流。

家长听取戴老师的建议后让孩子练习静坐。一周结束后,兰兰进步非常明显,不仅上课认真听讲,还积极回答问题,吃饭时不再东张西望。课上,戴老师表扬了兰兰的进步,并及时向家长进行了反馈,同时指出兰兰的进步与家长的积极配合是分不开的。孩子的进步鼓舞了家长,随后戴老师又对兰兰提出了新要求,希望她能继续保持,争取成为同学的小榜样。在老师、家长的共同鼓励下,兰兰的状态越来越好。因为戴老师与兰兰家长之间建立了良性互动,兰兰不断进步,成为同学们学习的榜样。

期末家长会上,戴老师邀请兰兰爸爸进行经验分享。兰兰爸爸非常真诚地谈到一开始对老师的建议持有怀疑态度,没有很好地配合老师的工作,直到后来通过孩子的变化感受到老师的真诚以及专业,体会到家校合作的重要性。

二、案例分析

家庭教育既是每个家庭的事情,同时也事关国家和民族的前途命运,因为一个国家和民族的发展需要大批优秀的接班人。著名教育学家苏霍姆林斯基曾说过,教育的效果取决于学校和家庭教育影响的一致性。如果没有这种一致性,那么学校的教育就会像纸做的房子一样,很容易倒塌。

本案例所涉及的问题,实际上就是家校合作的问题。这里应用了三种家校沟通的方式:集中交流、分层集中交流、个别交流。案例中老师通过照片、视频等方式,全方位地将学生在校的表现做了真实的反馈,细心的家长通过这些照片和视频了解孩子在校表现,同时意识到孩子身上存在着问题,这是一种集体性的交流。通过这种集体性的交流,家长们意识到孩子需要改变,家长需要配合老师,只有双方互相配合,孩子才会越来越好。班级中大部分家长非常信任老师,在老师提出建议后,监督孩子静坐,训练孩子静心,以此帮助他们养成良好的学习习惯。老师与部分家长进行的是分层集中交流,与兰兰家长进行的则是"一对一"的个别交流沟通。

(一) 集中交流

集中交流即集体性的交流,由教师针对学生的共性问题与全体家长统一进行交流。它的覆盖面比较广,反馈问题比较集中,但是时效性不强,只适合于反馈大部分学生存在的一些共性问题。其主要形式是家长会。集中交流是家长与老师交流的桥梁,家长可以借此更全面地了解孩子的在校表现,了解学校的各项规定及相关政策。通过家长会,家长们可以互相学习,取长补短,探讨孩子出现的共性问题,解决措施更有针对性,从而达到更好的教育效果。

集中交流有很多形式。

1. 经验分享式

针对多数学生出现的问题,选择表现较好的学生的家长,让其来分享自己的心得体会。如上述案例中,兰兰爸爸在家长会上进行了一次经验分享,他从多方面表达了自己的观点,真诚的表达非常有说服力并起到了非常好的效果,家长们从中也收获了许多。教师还可根据学生特点及不同的教育目的,去选择家长分享教育经验。如可建议班里识字最多的学生的家长分享其在指导孩子识字方面的经验;让读书多的学生的家长分享引导孩子读书的方法,这样就会让家长明白早期培养孩子读书、认字的习惯非常重要。有家长在分享中还特别提到一些在生活中学习的方法,简单实用,孩子也乐学、愿学。一位高情商"小暖男"的妈妈的分享,让家长们感受到尊敬老人应从自身做起,而不是口头的教育,平时要注重对孩子的言传身教。正如有的专家说的那样,学校教育非常重要,但无论多么重要,都只是家庭教育的重要补充。家长对孩子的影响是极为深远的,家长一定要提高自身的修养,富有智慧,这样才能培养出高情商的孩子。好家长是学出来的,很多家长在教育孩子方面非常用心,也很愿意相互学习和交流。

2. 学生汇报式

这种形式采用的次数不宜过多、过于频繁,需要有一个过程。可将班级分成几个部门,学生自愿报名、竞争上岗,每个部门都有各自的职责,以此提高学生各方面的能力。经过一段时间的锻炼,学生能力都会有不同程度的提高。为将每个学生的进步展示给家长,可在召开家长会时让每个部门以不同的形式上台展示,家长们看到自己孩子的表现后都会非常高兴。此种形式的家长会一定要注意关注到全体学生,因为每个家长都希望在这样的场合看到自己的孩子,不管孩子的表现是否完美,他们都会报以温情的掌声、善意的笑容,并以更多的热情关注孩子的成长。

3. 师生混合式

这种家长会由老师和学生共同完成,一般为老师开场以后,先由各部门的部长将一个学期自己部门的工作做一下总结,然后表扬表现突出的同学,鼓励没有被表扬的同学。在学生准备发言稿的时候,老师一定要把好关,告诉学生在家长会上可以多表扬同学,批评一些行为,但一定不能批评某些同学,这样才能起到效果。在学生完成汇报交流后,老师适时进行具体说明。这样的家长会方式,可以树立榜样,培养学生的自信心,激发家长配合学校教育的积极性。

4. 专家培训式

不同的教育理念、教育方法、教育目标,会出现不同的教育问题,带来不同的教育效果。家长的教育理念受各自的受教育水平及生活经历、社会阅历所影响。班级里家长众多,其教育理念也各不相同。因此,为达成相同的教育目标,就需要通过专家培训等方式对家长进行有关家庭教育方面的培训。只要有了相同的教育目的、教育理念,家长就能真正配合学校管理学生,形成教育合力,实现家校共育。家长培训会要定期开,学校教师要提前定目标、定内容、定时间。通过专家报告,引导家长了解孩子,更新教育理念,学习先进的教育方法,实现科学育儿的目标。教师还可以通过转发微信公众号里的教育类文章等形式向家长推荐好的教育方法,引导家长学习,更新教育方法,做一名智慧型家长。

(二) 分层集中交流

分层集中交流即把有同类问题的学生的家长集合在一起,集中交流并解决共性问题。这种交流方式可以动态化地分类进行,专门针对学生的具体问题进行分析,找准症结,制订方案,号召家长配合学校来帮助学生纠正不足。这种方式更有针对性,形式更灵活。对于同类问题,家长交流方法,大家站位相同,宜于接受。比如,二孩家庭的孩子常出现专注力不集中、与父母沟通不畅的问题。可让家长介绍案例、提出问题,然后班主任进行理性分析,提出解决问题的策略、方法、步骤、要求、标准,请家长配合、督促,逐步改进。教师要特别注意语言表达方式,要站在家长和学生的立场研究问题,提出解决措施,让家长感受到真诚。

（三）个别交流

个别交流即"一对一"的交流，适用于解决某个学生出现的比较典型的问题。这种交流方式目的性强，有时效性。如案例中戴老师与兰兰家长的交流就属于个别交流。教育专家李镇西老师曾说过，教育最大的阻力来自家长的不信任。老师与家长之间的交往离不开信任，只有建立起信任的桥梁，家长才会放心地把孩子托付给老师，才能配合学校的各项工作。家长真正的信任来自老师对每个孩子乃至每个家庭的关注。与个别家长的第一次面对面谈话必须慎重，强调话题的精准性，不打无准备之仗，只有在充分了解孩子及其家庭情况后，才能与家长交谈。谈话时，问题要集中，目标要具体，沟通要有效，方法要专业，语言要诚恳。老师要从专业的角度细心地观察、有效地建议，让家长充分信任老师，大胆改变。

三、家庭教育指导要点

生活中，许多事情都是态度决定一切。在和老师沟通这件事上，家长的态度决定一切。家校沟通的目的是使家长认识到，孩子的健康成长仅靠学校或仅靠家庭都是不够的，教师观察不到学生在家的情况，家长也很难看到孩子在校的表现，需要的是两者之间形成合力，教育才会有针对性和连贯性。

（一）不同类型家长的沟通重点

家长是已经完成社会化的人，但并不是所有家长都重视家校合作。不重视家校合作的家长主要有三类：第一类是忽略型家长，他们认为从幼儿园升入小学是顺理成章的事，对孩子的入学适应和幼小衔接问题毫不重视；第二类是自信型家长，如知识分子家长，他们认为自己的认知水平、学历层次较高，也关心孩子教育，阅读过大量的教育类书籍，在教育孩子方面也比较在行，所以认为不需要按照老师的要求去做；第三类是放任型家长，他们认为学校的事情是老师的事情，把孩子送到学校后家长就什么事情都不用管了，孩子在学校出现的所有问题都应该是老师的事情，因此，家长付出一些就会觉得很委屈，认为是替老师做了老师应该做的事情，忽视了家长应该承担的教育责任。

对于不同类型的家长，教师要学会采用不同的交流方式进行不同内容的交流。

1. 针对忽略型家长，教师应及时进行入学前后的有效衔接指导

一是通过家长会，帮助家长了解幼儿园与小学的区别，如幼儿园以游戏活动为主，而小学以学科学习为主；幼儿园游戏和活动的时间比较短、安排比较灵活，而小学每天有一定课时的集体学习时间，严格按照每节课 40 分钟的时间来安排；幼儿老师和保育员时刻伴随左右，孩子较少，可随时解决孩子生活中遇到的问题，而小学生要逐步学会自我管理，养成自己的事情自己做的习惯。他们不仅要面对全新的环境和人际关系，还需要适应新的规则和作息时间，学会遵守课堂秩序。家长应帮助孩子从各方面做好入学准备。

二是通过幼小衔接讲座,从孩子上小学前后家长和孩子的心理变化、适应过程及家庭教育的指导方法等方面与家长交流。

三是开展家长沙龙等活动,让家长更全面地了解孩子入学前的准备内容及注意事项。幼小衔接更多的是习惯的衔接,孩子们具备良好的生活习惯、学习习惯就能顺利过渡。老师应给家长介绍小学生应具备的生活习惯、学习习惯,并提供具体的指导。

2. 针对自信型家长,从专业的角度给出正确有效的建议

针对此类家长,教师不能给予硬性的规则或要求,因为这部分家长非常自信,有自己的教育理念和方法。他们深知学习的重要性,非常注重培养孩子的习惯以及独立人格,却很少教育孩子如何约束自己的行为,养成良好的集体生活的规则意识,容易导致孩子自制力差,对集体生活不适应。教师应将孩子的真实情况多角度、多方位地反馈给家长,引导家长正视孩子出现的问题,反思问题的根源,寻找解决问题的方法。对于这类家长,教师点到即可,因为他们有很强的学习能力和高度自信,只需要教师用心观察,从专业的角度给出正确、有效的建议即可。如孩子内向,不爱表达自己,教师就可以引导家长在平时生活中站在孩子的立场上考虑问题,多问孩子自己的想法,然后在与孩子平等交流时,不替孩子拿主意,而是可以把"话语权"还给孩子——"你想怎么做?""你觉得呢?""你说怎么办才好?"通过这样一些方式,让孩子感觉到被尊重,学会自己动脑思考和解决问题。

3. 对于放任型家长,要动之以情,晓之以理

放任型家长主要有两种类型。

一类是内心重视孩子的成长,希望孩子能有更好的出路,对待知识、对待老师都极为尊重,为人谦和,但是因为各种原因,无力管教孩子,无暇顾及孩子的学习。他们没有先进的教育理念,更没有科学的教育方法,对孩子出现的问题束手无策、无能为力,他们把教育孩子的重任寄希望于学校。为此,教师除真实反馈孩子在校表现外,还可以引导家长现身说法,激发孩子积极向上的动力。可以建议家长对孩子进行体验式教育,让孩子感受父母工作的辛苦,以此促进孩子自我约束,提高自我管理的能力。

另一类家长则认为学习无用,对孩子的学习和平时表现漠不关心,往往把教育责任推给学校或依赖孩子自身,他们认为孩子出现问题就是因为老师无能。教师与家长沟通时要耐心细致、真诚平等,动之以情、晓之以理,或组织家长沙龙、家庭教育经验交流等活动,帮助他们提高认识,明确父母或其监护人在家庭教育中的主体责任,承担家庭教育职责。

(二)小学低段学生在两个特别时期的心理特点

小学低段学生会遇到的两个特殊时期:一年级入学后的适应期以及三年级的学业

转变适应期。

1. 一年级的入学适应期

一年级学生的心理发展会经历以下阶段。

兴奋期：入学前，他们心情激动，兴奋得睡不着觉，坐不住，充满一种初为小学生的自豪感，人人都有当个好学生的愿望。这时候，家长可以不断地鼓励孩子，和孩子一起树立目标，让孩子时刻保持一种积极向上的状态，并帮助孩子养成良好的入学习惯。

厌倦期：开学一段时间后，孩子因不适应学校生活，行为上受约束，而且因为人数多的原因，教师不能关注到每个学生，再加上有的学生在学习方法上有问题，又受自身一些学习习惯及生活习惯的影响，有部分孩子会感到学习压力大、负担重，因此会产生不想上学、怕吃苦的厌倦心理。这个时候家长可以"恩威并施"，一方面继续鼓励和引导孩子，让孩子体会到学习的乐趣，另一方面可以告诉孩子每个人都需要学习，必须通过学习才能成就大事业。

适应期：孩子度过了兴奋期和厌倦期，如果学校与家庭教育配合有效，孩子就会较快地适应并喜爱学校生活。如果处理不当，会给他们今后的学习和心理发展带来不良的影响。因此，父母帮孩子把握好人生的这个转折点就显得尤为重要。不能因为各种原因，把孩子放在托管班里不管不问。

事实证明，在这三个阶段，家长一定要跟上，以帮助孩子尽快养成好习惯，适应学校生活。教师与家长其实是"合作育新人"，孩子的教育和家长的配合及帮助是分不开的。

2. 三年级的学业转变适应期

三年级是小学阶段的过渡时期，这个时期学习任务逐渐加重，也可细分为几个非常关键的时期，分别是成长关键期、培养学习能力关键期、良好学习习惯定型和培养的最后关键期、培养孩子情绪控制能力和意志品质的关键期。

心理方面：这个阶段孩子的个性差别依然很大，周围的环境和人对他的性格形成有非常大的影响，表现为有的孩子比较自信，有的则会自卑或自负。这个阶段的孩子由于生活经验不足，自我调节能力比较差，情绪很不稳定，容易激动、冲动，心情的好坏大多从其脸上一望便知。在自控力方面，会有摆脱成人控制的欲望，但又因自控能力尚未发展起来，还不能有效地调节和控制自己的日常行为。

学习方面：三年级的学习和考试已经不像一二年级时那么简单，学生的成绩已经能拉开差距了。孩子要保持高分，需要付出更多的努力，如果马虎的话，成绩很容易大幅下滑。因此家长和老师要密切配合，抓住这关键的一年，让孩子养成踏实、勤奋的学习态度，这样通常情况下，成绩也会比较理想。如果这一年保持了良好的成绩，小学阶段以后几年的学习会变得更加顺利。

交往方面：三年级的学生与同伴的友谊进入了一个双向帮助阶段，他们对友谊的认识有了提高，他们的择友标准也在发生着变化，往往把学习的好坏当作衡量人的能力的标志。针对三年级学生的这些特点,建议各位家长多些时间陪孩子,多做一些沟通和交流。有位心理学家对几千名学生进行了调查,结果发现:与父母在一起时间多的孩子,在学业成绩、能力素质和品德发展等各个方面明显优于与父母在一起时间少的孩子。

(三)家校沟通过程中的教师行为操作要点

1. 集中交流

(1)充分准备,精彩亮相。要认真对待并全面规划每一次家长会。低年级的集中交流一般以帮助学生养成习惯为主,中高年级内容比较广泛:习惯养成、阅读、运动、与人交往、青春期教育等。不能面面俱到地重复以前的话题,更不能讲一些空洞的理论和没有实质性内容的话题。

(2)观察班级,关注个体。在平时工作中,教师要细心观察每个学生在校的表现,尽可能地记住发生在他们身上的故事,开家长会时,用这些故事作为交流内容,与家长一起分析原因并表明自己的立场。

(3)有效表扬,积极沟通。家长也需要表扬。优秀学生的背后是优秀的家长,教师要结合学生的具体表现来表扬家长,既可以是家长教孩子处理学校中发生的问题的方法,也可以是家长在亲子关系处理上的进步。这样,教师在家长会上言之有物,家长也心情愉悦,对教师提出的建议也会理解和支持。

(4)团队合作,相互支持。在集中交流时,教师要维护学校、维护同事,切忌贬低别人,抬高自己。交接班时,更要相互鼓励和支持,让家长对学校文化形成良好的印象,以方便后续教师迅速开展工作。

2. 集中分层交流

(1)分类准确,问题精准。平时的学习生活中,教师应认真观察每个学生的优缺点,将有相同表现的学生分成一类,便于家长一起交流。

(2)平等交流,相互尊重。教师在与家长交流时一定要相互尊重,让家长感觉到老师在帮助他们。针对相同的问题,家长们互相交流、互相理解,会更有效果。

(3)目标明确,指导有效。针对发现的问题,教师在与家长交流时,本着解决问题的目标,分析问题的原因,找到根源,再根据原因,结合教师的专业知识,给出专业的指导,让家长感到有用、有效。

苏霍姆林斯基曾说过,两个教育者——学校和家庭,不仅要一致行动,向孩子提出同样的要求,而且要志同道合,抱着一致的信念,始终从同样的原则出发,无论在教育的目的上、过程上,还是手段上都不要发生分歧。

3. 个别交流

(1)分类处置,分清缓急。除非出现安全或暴力事件,否则教师不应把学生出现的每个问题都与家长交流。要选择集中性的问题,或是在这个学生身上出现的非常典型的问题,而且这个问题已经严重影响到学生成长时才开展个别交流。比如,不完成作业,上课听讲专注度不高,挑食,与同学不能友好相处。交流时一定要将事情可能导致的不良后果交代清楚,引起家长的重视。

(2) 先扬后抑,全面总结。教师的话要让家长认同,教师一定要先扬后抑,先表扬学生,对其情况进行全面分析,然后再说问题。切忌情绪激动,更不能以盛气凌人、趾高气扬的方式跟家长交流。一年级的家长对于孩子是否能适应学校环境,老师对孩子是否关注是心存疑虑的,不当的交流方式会促使他们以一种挑剔的眼光来看待老师提出的任何问题,以审视的方式来判断老师对待孩子的态度。因此,在与一年级家长交流时尤其要注意先扬后抑的问题。

(3) 换位思考,言语真诚。孩子出现问题时,尽管家长都愿意听到鼓励性的评价,但是他们更希望能真实地了解孩子在学校的表现。教师和家长交流时,要学会站在家长的角度看待问题,然后再谈希望家长配合的地方。只有让家长觉得家长和教师是在同一条战线上,才会接受教师的建议。

四、教学参考

【活动目标】

1. 了解家校沟通的类型与方式。
2. 指导教师学会进行有效的家校沟通。
3. 引导家长认识家校沟通的重要性,明确家校责任,形成家校合力。

【活动时间】

40分钟。

【活动材料】

阅读材料,课件PPT。

【活动方法】

小组讨论,合作表演。

【活动过程】

1. 案例分析,引发思考。

出示案例,思考:案例中家校沟通用了哪些方式?教育效果怎么样?

小结:不同的沟通方式会带来不同的教育效果,因此,我们要选择合适的方式互相沟通。

2. 小组交流,总结方法。

(1) 平时老师和家长是怎样沟通的?

(2) 你喜欢哪种沟通方式?这样的沟通方式产生了什么样的教育效果?

3. 交流汇报,提炼做法。

(1) 合作互动,情境再现(设置三种沟通方式情景)。

(2) 分组交流,谈自己的感受。

(3) 总结提升。

【活动提示】

1. 本主题的指导对象是教师(班主任为主)。

2. 在活动中围绕以下问题进行充分讨论。

(1) 平时生活中,你是怎样与家长沟通的?

(2) 不同的沟通方式会给我们带来什么样的教育效果?

主题 2　辨别不同家庭的教养方式

学生是带着不同的"烙印"进入学校的,这个"烙印"就是家长在不同教育理念指导下的不同的教养方式。要解决学生发展中出现的问题,首先需要了解其成长环境和教育背景。

一、案例描述

案例一:东东,男,9岁,独生子,三年级学生,跟随父母来到城里生活已有两年。在这之前,东东和爷爷奶奶生活在农村,而在城市的父母每天都会去人口较密集的地方出摊,早上炸油条,晚上卖烧烤,生活非常辛苦。因为东东顽皮,爷爷奶奶根本管教不了,东东父母几经深思熟虑,才决定带他到城里一起生活。但是,东东到新学校后依旧顽劣不堪,并且经常因为欺负班里的同学被班主任叫家长到校谈话。每次东东回到家后,等待他的就是父母的一顿打骂,但被教训之后的东东依旧是我行我素,没有丝毫悔改的意思。东东父母希望他能够好好读书、学有所成,将来不要像他们一样吃苦,可是又不知道如何正确地教育儿子,让他步入正轨。

案例二:明明,男,9岁,跟随父母来到城市生活了三年。明明的父母来自农村,在大学城里摆摊养家,因为受农村传统观念的影响,对儿子很溺爱,对于其生活上的要求,只要在他们能力范围内都尽量满足。因为父母工作忙碌,所以明明总是到社区活动中心玩耍,但他在玩完之后,总会拿社区活动中心的东西,所以引起了工作人员的注意。虽然他拿的都是一些不是很贵重的小玩意儿,比如气球、小玩具、画笔,但工作人员几次告诉明明,社区活动室的东西属于公共财产,可以用但不能往家里拿,然而,不管如何劝说,明明依然在走之前把社区活动室里自己喜欢的东西偷偷地往书包里装。在被工作人员发现并制止后,明明会缠着妈妈要这件东西。

明明妈妈总是以"孩子还小,不懂事"为由向工作人员求情,希望能满足明明的要求,把东西带回家玩两天。在遭到工作人员的拒绝后,明明妈妈表示虽然道理都懂,但实在被明明闹得没有办法,所以才一再向工作人员讨要。

工作人员被缠得没有办法,回复道:"对不起,真的无法满足您的这个要求。我们并不是心疼这些小东西,只是觉得应该让孩子从小明白'没有规矩,不成方圆'的道理。您这样一味地宠溺孩子,对他以后的性格养成会产生不好的影响。顺便问一下,平时明明在家也这样吗?"明明妈妈很无奈地说:"他在家也这样,总胡搅蛮缠,有时候贪玩,不写作业,看电视看到很晚才睡觉。"

二、案例分析

两个案例是两种不同的教养方式的反映。教养方式不随情境的改变而发生变化,具有相对稳定性。不同的教养方式对孩子的成长具有不同的影响。养育孩子的过程,也是父母成长的过程,父母既要关注、了解孩子,也要清楚地认识自身,这样才能更好地教育孩子。

(一)教养方式的分类

在心理学中,父母的教养方式可以归纳为两个维度:控制—容许维度和接受—拒绝维度。根据这两个维度的不同组合,又形成了四种教养方式:专制型、放任型、忽视型、权威型。

第一种,专制型教养方式。采用这种教养方式的家长对孩子的限制性非常强,会强加给孩子很多规则,并要求他们严格遵守,一旦孩子不听话,就会对其进行惩罚。相对地,家长对孩子的接纳和回应却远远不够,而且很少向孩子解释遵守这些规则的必要性。专制型教养方式容易导致孩子产生焦虑情绪,遇事退缩,喜怒无常等。相比于普通孩子,他们更易被激怒,自我调节能力和环境适应能力都比较差,不愿意与同伴合作,没有生活目标,缺乏社会责任感,与父母关系疏远,甚至产生叛逆行为。案例一中,东东的父亲就属于专制型教养方式的父亲,对东东的教育简单粗暴,对孩子的问题行为和不良态度以体罚为主,缺少温情与鼓励。这可能是造成东东以自我为中心、选择用武力去寻求同学认同的一个潜在原因。

9岁的孩子意识更加独立,对他人的依赖减少,做事更加执着,行为有较强的不可预测性。东东的行为主要受性格、成长发育的成熟度、成长环境影响,家庭是影响其性格的主要因素之一。他只有在家长能够注意到他,而且能够理解他时,才能成长得更好。这个阶段的孩子对妈妈的依赖减少,更加崇拜爸爸,并且对爸爸的反应更加敏感,所以,需要建立全新的亲子关系,居高临下或者一味溺爱的教养方式是很多问题的根源。

此外,9岁的孩子还会开始怀疑家长是否永远正确,亲子关系有可能出现不平衡的现象。一边是家长与孩子保持原有相处模式,另一边则是孩子的行为能力得到发展。在这个年龄段如果家长不能及时调整自己,那么亲子关系就会陷入紧张,"战火"不断。

此时的家长需要"俯下身来",更多地尊重和理解孩子,不要把自己的想法强加给孩子。

第二种,放任型教养方式。这种教养方式营造的家庭氛围往往是接纳而宽松的。家长会关注孩子,但几乎不会对孩子提出要求,允许孩子自由地表达自己的感受,不管孩子做什么事,哪怕是错事,也不会限制孩子。放任型教养方式下的孩子,受到父母的溺爱较多,在此环境下成长起来的孩子大多不喜欢遵守规则和受约束,也常常不能融入集体生活,个性较强,无法顺利地在群体中拥有良好的人际关系。他们在性格上更易冲动,并具有一定攻击性,缺乏行为规范,处理事情往往以自我为中心,只考虑自身利益,独立性较差,成就感较低。案例二中,明明父母一味纵容孩子的各种问题行为,属于放任型父母。他们虽然对孩子积极肯定,但是缺乏控制,任由心性不成熟的孩子自己做决定。其中,明明妈妈的言行以及与社工的对话就鲜明地体现出父母对孩子的溺爱。而且,在这种没有原则、立场的教育方式下,明明已经出现了偏差行为,表现出了一定程度的不诚实、自私和较差的自控能力。

第三种,忽视型教养方式。采用这种教养方式的家长对孩子的身心成长缺乏关注,孩子常常处于被忽视的状态。忽视型的家长,对孩子的态度是冷漠的,家长常常沉浸在自己的压力和问题中,对孩子既不管束,也不回应。生活在忽视型家庭中,孩子没有安全感,可能会采取某些行为寻求关注,如果没有更多的社会支持系统,很容易出现问题。

相对于放任型教养方式,忽视型教养方式下,父母通常对孩子漠不关心,不关注孩子的存在和需要,因此也无法给予孩子支持、关心、温暖和爱。在日常生活中,这种家长不愿给予孩子感情回应,缺乏与孩子的交流沟通。因此,孩子的存在感、安全感较低,甚至出现情感冷漠的情况,孩子可能会千方百计地做出一些让人难以理解的行为以寻求关注。

第四种,权威型教养方式。这种教养方式营造的家庭氛围往往是控制与灵活并存。家长会对孩子提出要求,但要求合理,而且会耐心地向孩子解释为什么要遵守这些规定。权威型教养方式下,家长因其宽严适度的教养方式,通常与孩子的关系更为紧密。小学低段儿童年龄较小,能够对权威型教养方式有更多的认同,虽然随着年龄的增长,他们需要逐渐摆脱家长的控制并获得充分的自由,但此时他们更希望获得家长的指导和支持。

例如,教师节到了,某同学想给老师买一份昂贵的礼物表达感谢,家长并没有直接否定孩子的做法,而是巧妙地建议,亲手制作的礼物更能表达心意。这种类型的父母在尊重孩子的主观意愿的同时,能以民主、合理的方式助力孩子的成长。

三、家庭教育指导要点

(一)指导家长简单辨别不同的家庭教养方式

每个家庭的教养方式都会对孩子的成长产生重要的影响,通过观察一个孩子的行为,就可以大致判断这个孩子的家庭有着怎样的教养方式。由此可见,孩子身心发展状况的确深受父母教养方式的影响。那么,怎样通过孩子的行为来辨别其家长的教养方式呢?

1. 放任型

放任型家庭的儿童具有这些特征:不成熟、依赖成人,缺乏明确的行为规范,不服管教,易冲动,常有攻击性,缺乏责任感,常常表现出不诚实、自私、自我控制能力差、任性等行为。

放任型家庭的父母对孩子的行为通常表现为"接受 + 纵容"。父母双方或者某一方情感丰富,溺爱孩子,对孩子打不得、骂不得,对孩子的问题行为和不良态度不加以控制,总是期待孩子成长后有所改变。并且,不论什么事情,对孩子都是无条件地迁就和照顾,几乎满足孩子的一切要求,不管是否合理。

2. 专制型

专制型家庭的儿童具有这些特征:按指令做事,焦虑、退缩,不快乐。

专制型家庭的父母对孩子的行为通常表现为"拒绝 + 控制",父母通常要求孩子绝对地服从自己,必须去执行自己提出的每个要求,对孩子做得不对或者自己不满意的地方,通常会很严厉地批评,而不是采用适当的方法引导孩子去改正。这种类型的父母不能敏感地察觉到孩子的不同观点,很少考虑孩子自身的要求与意愿,只希望孩子听话,尊重他们的权威。由此可见,专制型教养方式是一种对孩子的言行举止限制性非常强的教养方式。这种教养方式下成长起来的孩子,往往会习惯于按照他人的指令按部就班地完成事情,常常表现出焦虑情绪,缺乏愉悦感,处事退缩,遇到挫折时易产生敌对反应。

3. 忽视型

忽视型家庭的儿童具有这些特征:规则意识淡薄,缺乏礼仪,对学校生活缺乏兴趣,自控力差,对他人不尊重或漠视。

忽视型家庭的父母对孩子的行为通常表现为"拒绝 + 容许"。在这类家庭中,父母在满足孩子日常必要的物质需求之外,平时很少关心孩子的成长,也不了解孩子的情感需求。简单来说,就是养而不教。除此之外,这类父母日常对孩子的要求很低,也缺乏与孩子的沟通交流,对孩子的行为表现更缺乏必要的指导和评价,甚至基本不对孩子的成长或成绩提出任何较高的要求和期待。

在这种教养方式下长大的孩子缺乏被爱的体验,他们对他人也缺乏关心与热情,既不会替人着想,也不懂得尊重别人,甚至有的孩子对自己和他人的生命都表现出极端的漠视与不尊重的态度。这样的孩子成长于长期缺乏家庭教养的环境下,大都规则意识淡薄,缺乏礼仪,而且对生活缺乏理想和追求,对学校生活缺乏兴趣,自控能力和学习成绩都较差,且极易受到不良社会因素影响,误入歧途。

4. 权威型

权威型家庭的儿童具有这些特征：独立、积极、自信，自主性强，社交能力较强。权威型家庭的父母对孩子的行为通常表现为"接受＋控制"，父母会根据孩子的成长需要，对孩子提出必要而合理的要求，并且会谨慎地向孩子说清楚遵守规则的原因，保证孩子能够心甘情愿地遵从指导。权威型父母在处理家庭事务方面，会征求孩子的想法并尊重他们的意见，他们会努力"看到"、接受和更多地回应孩子的需要。因此，权威型的父母能够认识并尊重孩子的观点，以合理、民主、非侵略性的方式引导孩子的身心成长。

（二）家庭教育注意事项

1. 家长审视自身教养方式，才能更好地养育孩子

家长要想给孩子什么，首先要清楚自己有什么，审视一下自己属于哪种教养方式，才能认识到自己的长处与短板，从而更有效地处理家庭教育问题。

2. 正确认识原生家庭的影响，理清教养方式的根源

近年来，"原生家庭如何影响人的成长""原生家庭的影响力有多大"等话题的讨论热度居高不下。原生家庭影响的是儿童的人格，家长要从自己的原生家庭中找原因，以便更理性地看待自己的教养方式。

我们发现，如果家长在专制型的原生家庭中成长，他们也会非常限制自己的孩子，会给孩子强加很多规则，并要求孩子严格遵守；如果家长在放任型的原生家庭中成长，他们会对孩子放养，几乎不对孩子提出任何要求；如果家长在忽视型的家庭中成长，他们对孩子的态度是冷漠的，他们常常沉浸在自己的压力和问题中，对孩子是一种漠视的态度；如果父母成长在权威型家庭中，家长会对孩子提出合理的要求，而且会耐心地向孩子解释遵守规则的原因。

同样，如果孩子的生活中充满着批评，那他们学会的是指责；相反，如果生活在相互鼓励和友好的氛围中，学会的就是爱与责任。有专家曾指出，父母对孩子有什么样的态度，孩子就会有什么样的表现。孩子的性格在很大程度上是由父母的态度决定的。由此可见，孩子健康人格的养成应从父母自觉改变自己的教养方式做起，从小事做起。

3. 用马斯洛的需求层次理论探讨孩子想要什么

小学低段儿童好动，好奇心强，自控力不强，在人际交往过程中，情绪不稳定，有些时候会让家长很头疼。家长可能只关注到孩子的行为和情绪，没有更多地关注孩子的心态，其实孩子只是向家长发出信号："我的需求需要被满足。"根据马斯洛需求层次理论，人的需求分为生理的需求、安全的需求、爱与归属的需求、尊重的需求、自我实现的需求五种类型。因此家长在养育孩子的过程中需要不断转换角色，从主要满足生理、安全需求等低级别需求的养育者，转变为满足爱与归属的需求、尊重的需求等高级别

需求的教养者,最后成为助力孩子实现自我价值的陪伴者,这是一个需要家长运用智慧与付出耐心的过程。

一是家长在日常生活中要满足孩子最基本的生理需求,也就是能吃饱穿暖,让孩子在学习的时候不需要担心基本的生活保障。只有满足了最基本的需求,才会产生更高层次的需求和满足其他需求的动力。

二是家长应该满足孩子生理和心理方面的安全需求,包括内在安全需求和外在安全需求。对于孩子来说,外在安全需求主要包括身体安全、外出安全及场所安全;而内在安全需求则主要指亲子关系、亲子沟通及家庭相处模式营造的内在安全状态,也就是我们常说的"安全感"。父母应该采取合适的教养方式,营造和睦的家庭关系,才能更好地给孩子建立安全感。

三是家长要满足孩子爱与归属的需求。对于孩子来说,家庭就是他的避风港和加油站,每个孩子都渴望爱和被爱,因此,家长应尽量避免采用忽视型教养方式,因为孩子需要从父母的爱中去学习如何爱自己和爱别人,并从父母对自己的爱中得到安全感。只有知道有人爱着自己,孩子才会在潜移默化中学会用同样的方式去爱别人。父母也需要懂得,爱自己,才能帮助孩子学会爱自己;父母需要知道怎样去爱孩子,并以孩子能接受的方式给予其充足的安全感,才能让孩子学会正常地处理人际关系,为其将来进入社会打下坚实的基础。

四是家长需要满足孩子被尊重的需求。被尊重是个体仅次于自我实现的重要需求。对于孩子来说,父母是否有自尊以及是否能充分地尊重自己,是其具备自尊和尊重他人的前提。专制型的父母不尊重孩子,会导致孩子的自我认可度和自我评价值过低而无法正常融入社会。

五是父母要陪伴孩子完成自我实现的需求,这是个体需求层次的顶端,是个体在满足了前面四项需求后的最佳状态,完成自我实现的需求需要孩子和家长共同努力。

孩子的成长是一个动态的、连续的发展过程,在这个过程中,家长应依据孩子不同成长阶段的需求施以适当的教育,并促使其产生更高层次的需求。

(三)家庭教养的一般性原则

一是家长需要控制自己的言行,提供思路,给孩子表达的空间;不要以绝对权威的姿态凌驾于孩子之上,要给孩子创造充分展示自我、表达自我观点的机会。

二是要建立弹性、良好的亲子关系,努力和孩子做朋友。相信孩子的能力,培养孩子独立处事的能力,要放手让孩子去做一些力所能及的事情,要相信孩子可以做到。

三是家长要以身作则,不要一味只去要求孩子。家长是孩子的榜样,在要求孩子之前,家长首先要做到。比如,不让孩子沉迷于手机,那家长也要合理地安排使用手机的时间,通过行为示范,逐步引导孩子,促使孩子养成良好的行为习惯。

四是家长要理解和接纳孩子,抱着尊重和体谅的心情去对待孩子遇到的问题。要给予孩子足够的尊重,把他们看作一个独立的人,多试着从孩子的角度看问题,即使孩子做事不够圆满,也要学会接纳。

　　五是家长要与孩子一起学习。家长不管工作多忙,每天都要尽可能地留出一些时间和孩子交谈,了解孩子的学习情况、人际交往、每天发生的开心事以及成长中的困惑等,让孩子养成与父母谈心的习惯,在与父母交谈的过程中感受到父母对他的关注和爱。

　　六是要树立孩子的自信心。当孩子面对困难想要放弃的时候,需要家长的陪伴,理解、包容他们的消极情绪,尤其是他们在面对挫折心灰意冷时,家长要给予及时的鼓励,以树立孩子的自信心。

（四）多种教养方式的交替使用

　　教学有法,教无定法。这不但适用于教师,也同样适用于家长。并不是所有人都能成为权威型父母,教师要向家长传递先进的教育理念,帮助家长努力成长,指导家长学会控制情绪。家长可以根据孩子的个性特点和成长需求,尝试使用不同的教养策略。当孩子处于小学、中学时期时,家长可以在权威型和专制型两种教养方式之间转变;孩子长大后去外地求学,家长则可以采用放任型教养方式,很多事情都由孩子自己去探索或面对。

　　比如,孩子因为画不好画而发脾气,家长不要说"画不好就算了,明天再画"这样的话,而应该说:"画不好很难过是吗？没关系,我们再试一次,一定会画好的。"家长应认同孩子的情绪,帮他找到处理问题的方法,而不是放任不管。在孩子需要鼓励时,及时给孩子一个"扶手",而不是"别人都能画好,你为什么不行"这样的反向刺激,让孩子有被责备、被羞辱的感觉。平时相处的过程中,应给予孩子足够的尊重和理解,站在孩子的角度上换位思考,慎用惩罚。

　　需要注意的是,家庭教养方式要根据实际情况适时变化。孩子都有自主意识,因此在家长的眼中,今天这个方法行得通,或许明天就不行。比如,孩子偶尔会"钻牛角尖",此时不要急于批评孩子"笨"或是"脑子不转弯",相反,此时正是教育孩子的好时机。因此,在亲子相处过程中,家长要引导孩子灵活处理遇到的问题,运用更多的智慧与孩子共同成长。

（五）家长应把握教养方式的尺度

　　家长需要明确的是在哪些方面可以放任、哪些方面可以民主、哪些方面可以专制,不妨从促进孩子身心健康发展的角度来设定教养方式的尺度。

1. 在孩子品德与习惯养成上要严格

　　小学低段是学生正式迈向集体生活的开始,为尽快适应学校生活,教师要引导家长做权威型父母,及时回应孩子的需求,为孩子设定目标,并引导孩子完成。这样孩子才会变得更加自信,具有责任心,并有一定的抗压能力。

在品德与习惯养成上,则要做专制型家长,重视孩子的品德养成,帮孩子养成良好的学习习惯,比如建立"预习—学习—复习"的学习模式。同时,要多花心思帮助孩子理解透彻。

2. 对待孩子的错误要宽容

孩子做错事、行为失当时,家长不了解实际情况、不顾及孩子自尊,采用简单粗暴的处理方式,表面上看,孩子似乎变得"老实"多了;实际上,孩子可能会心里不服气,表面上的"老实"只是迫于父母的权威,是暂时性的妥协。此时,采用专制型的教养方式,不但没有起到教育的作用,还有可能会起反作用。

面对孩子的各种错误,家长纠正错误时要温和,要用爱来包容,用理解来鼓励,但也应教孩子明辨是非对错。孩子犯错时,家长要处理好自己的情绪,耐心倾听孩子的需求,及时地给予回应和鼓励,帮他们树立自信。家长要遵循孩子的成长规律,在一定原则和范围内,允许孩子去"试错",对于孩子的无心之过要包容,不能操之过急地指责。

3. 放手培养孩子的创造力

如果家长总是告诉孩子一件事能不能做、应该如何去做的话,长此以往,孩子会失去创造性,或者觉得自己探索解决问题是在浪费时间,是没有价值的事情。而且家长的"高明",也会让孩子相形见绌,羞于去尝试做一些"蠢事情"。压抑儿童探索的欲望,实际上就是在不断扼杀其创造力。其实,很多"蠢事情"没有那么可怕,因为创造这件事从一定意义上说,就是做前人没有做过的事,所以"蠢"一点也无所谓,创造往往正是源于这些渺小的荒谬。因此,家长可以多采用放任型教养方式,让孩子去发掘自己的兴趣和潜力,主导自己的人生方向。

4. 旁敲侧击讲道理

家长给孩子讲道理,孩子十有八九会当耳边风,旁敲侧击地引导可能会事半功倍。家长以聊天的方式讲一些道理是行之有效的办法。比如,家长发现孩子用家长的钱充值买了游戏装备,在这种情况下,打骂孩子是没有用的。孩子当着家长的面可能不敢玩,但背后还是会偷偷玩。面对父母的责骂,孩子会认为家长是舍不得为游戏花钱,而不会认为这样做是错的。这时家长可以商量好,教育孩子的时候采取一致的态度,在合适的时间,利用"唱双簧"的方式教育他,旁敲侧击地让孩子在不经意间懂得道理。家长正面教训孩子,孩子会抗拒,而对家长的聊天内容,孩子非常有兴趣,尤其是这个阶段的儿童。

五、教学参考

【活动目标】

1. 帮助家长认识家庭教养方式的四种分类。

2. 帮助家长了解不同教养方式的特点及其对孩子的影响。

3. 指导家长学会如何选择和运用最适合自己孩子的教养方式,引领孩子更好地成长。

【活动时间】

40分钟。

【活动材料】

阅读材料、道具礼盒、A4纸、心形便利贴。

【活动方法】

小组讨论、合作表演、绘画表达。

【活动过程】

1. 每组家长根据提供的四个道具礼盒,选择自己最不能接受的一个退回,在活动中辨别自己对孩子的教养方式。

2. 结合自身经验,小组交流教养方式的类型和优势。

3. 小组探究怎样做才能满足孩子的需要。

4. 请家长交流参加活动后的心得体会。

【活动提示】

在活动中围绕以下问题进行充分讨论。

1. 你采用的是哪种教养方式?

2. 结合教养方式,谈谈家庭教育中我们看重的是什么。

3. 不同家庭教养方式下的亲子关系有哪些特点?

4. 我们要遵循哪些家庭教养原则?怎样把握好尺度?

家长的合理期望

望子成龙几乎是每个家长的期望。孩子的养育质量,直接影响到一个家庭未来几十年的幸福指数,所以父母对孩子的期望值普遍较高。这种期望会通过相应的家庭教育行为,转变为孩子的压力。如何指导家长接受孩子的不完美与普通,根据孩子的性格特点与能力水平来确定合理的期望值,这是本主题的主要内容。

一、案例描述

栋栋一直是别人眼中聪明的孩子,两岁就可以背十几首唐诗。于是,父母决定让他多背唐诗,提高记忆力。一开始,孩子兴致很高,不久,就感到有些乏味和困难。妈妈便说:"你看别人家的孩子都背了那么多首诗了,你怎么就不能比他们强呢?"栋栋感觉不到比别人家的孩子强有什么好处,更体会不到妈妈说的"背唐诗对以后有好处"。无论父母怎样呵斥和教导,他能躲则躲、能赖则赖,但是在父母的坚持下,栋栋还是背了很多唐诗,认识了很多汉字,学前能熟练计算100以内的加减法。父母都觉得栋栋非常聪明,只要父母抓得紧,就一定能出类拔萃。

栋栋亲戚家的孩子都很出色。有一个远房表姐,考上了国内名校,在欢送表姐去上学的家庭聚会上,家人的目光都聚集在了栋栋身上。表姐的奶奶拉着栋栋说:"栋栋就要上学了,向姐姐学习呀,以后你也去姐姐去的学校,毕业后考博士。"大家有说有笑,栋栋懵懵懂懂,但莫名地不太开心。

上学以后,因为有了基础,栋栋学习起来非常轻松,不过他发现,身边的同学虽然学习不如他,但是他们特别会玩,下课一起踢球,周末一起玩耍。栋栋也想加入他们,这时父母总会说:"不行,栋栋,你未来是要考重点大学的,前提是你要考上全市最好的高中,要做万全的准备,所有的学科都要提前学。英语要考级,数学要提前学习奥数,语文的阅读和写作也要安排上,只有比别人早准备,才能走得比别人快。"就这样,栋栋每天的课外时间被爸爸妈妈安排得满满的,没有时间休息和游戏。

栋栋学习的确很好,课堂上老师新授的内容他早就会了,但与同学玩不到一起,他觉得自己过得一点都不快乐。有一天,他忍不住向妈妈提出周末要和同学一起出去玩,妈妈一口回绝了。直到栋栋说想和同学在一起,自己没有朋友,甚至不知道该和同学聊什么,妈妈才意识到,自己从来没有想过孩子会有这样的需要。

晚上,栋栋妈妈仍然想坚持自己的想法,让栋栋周末完成自己的学习计划,并且想让栋栋已考入名校的表姐帮忙劝说栋栋。栋栋表姐听说后,打电话对栋栋妈妈说:"舅妈,栋栋现在还小,多让栋栋和同学玩玩吧。孩子的健康比什么都重要。"接着,栋栋表姐陈述了她成功考入名校的代价。

原来,栋栋这一大家子的教育方式非常相似,对孩子期望过高,对于学习成绩的要求非常严格。过高的要求把栋栋表姐压得喘不动气,而且和栋栋一样,她没有时间交朋友,也不会交朋友。升入高中以后,压力越来越大,她每晚都无法入睡,一看书就心慌,内心一直很压抑,甚至有抑郁倾向,还好她妈妈及时发现并做出了调整。虽然现在自己考入了名校,但是她的妈妈一直很后悔,说如果有机会重来,她更希望孩子健康快乐。

栋栋妈妈听完这番话,震惊得无法言语。原来自己一直推崇的教育模式差点彻底毁了一个孩子,成功是以如此大的代价换来的。

妈妈放下电话,走进栋栋的卧室,看到孩子正在闷闷不乐地看课外书。妈妈努力调整了一下情绪,对栋栋说:"我想了一下,周末你和同学出去玩玩吧,不过平日的练习不能敷衍。"栋栋一听,眼睛都亮了。

在栋栋表姐的现身说法下,栋栋父母终于想通了:自己养的是孩子,不是机器。除了成绩,还要关注孩子的心理需要,健康比什么都重要。此后,栋栋父母开始调整对于栋栋的不合理期望,和孩子的关系越来越融洽,栋栋也笑得越来越灿烂。

二、案例分析

期望是指对未来的事物或人的前途有所希望和等待。期望指向未来,是对还没有发生的事情的期待,具有很强的主观性与预期性。父母期望是家长对子女在身心健康、学业成绩、人际关系、未来职业等各方面发展的期望。父母期望属于儿童在家庭环境中感知到的重要的心理压力源,所以,父母的合理期望与儿童健康成长之间的关系十分紧密。

在本案例中,栋栋的父母对于栋栋的未来发展有着极高的期望,因此,从小就对他提出了比较高的要求,完全没有顾及年幼的栋栋并不想做,更不想和其他人比较。因为孩子年龄小又比较顺从,所以,栋栋的父母一直没有发现这种过高的期望与超前学习对孩子构成的潜在威胁,直到无意中在与栋栋表姐的沟通中才发现了问题。他们及时做出调整,有效地缓解了亲子关系,避免了更严重问题的出现。

在很多家长眼中，只有考上名校、找到好工作，才算教育成功，孩子才能拥有美好的未来，因此"不要让孩子输在起跑线上"成为许多父母的教育信仰。为了实现这个目标，家长们高标准、严要求，但忽略了孩子自己的成长需要。就像本案例中表姐的妈妈，一味追求孩子的学习和成绩，给孩子过大的压力，等到出现问题后才追悔莫及。

（一）不合理期望的形成原因

1. 不了解儿童的成长规律

基于对于子女本能的爱，所有父母都期望自己的孩子身体健康、学习成绩优异、社会关系和谐、未来有心仪的工作与稳定的收入。多子女家庭的父母还期望孩子们可以相亲相爱、互相帮助等。这些都是来自父母最朴素的愿望，也是合理的。但是，很多父母并不了解儿童的成长规律，单纯地把儿童看成缩小版的成人，不知道儿童对于事物的理解、认知都需要时间。同时，儿童需要游戏甚至需要无聊的空白时间，这对于儿童的健康都是有意义的。如果父母认识不到这一点，而像本案例中栋栋父母最初表现的那样，并由此产生了太高的期望，会给孩子造成过大的压力。

2. 家长没有认识到孩子是一个独立的个体

很多父母对于孩子的期望主要来自自己的需要。一是为了满足自己的社会需求，比如"面子"，在用自己孩子的成绩与其他孩子成绩比较的过程中，收获高自尊与满足感。二是把孩子当作实现自己理想的工具，来满足自己未达成的心愿。在现实生活中，有很多父母会把自己没有能实现的理想转嫁到孩子身上。父母越固执，越容易产生不合理的期望。尤其是有的父母在有孩子后，放弃了自己对于事业、个人成长的追求，自我牺牲式地把所有的精力都倾注在孩子的身上，打着为孩子好的旗号，高标准、严要求，同时给予很高的期待，把孩子当作实现人生目标的工具，让孩子用那稚嫩的肩膀背负起父母的理想。

（二）父母的不合理期望对孩子的影响

儿童的成长过程就是一个认知世界以及自我认知的过程。每个孩子也会有自己的期望，如果父母的期望与孩子的实际成绩之间产生巨大落差，小学低段的孩子很容易自暴自弃，或者产生无所适从之感。

1. 过高的期望会给孩子巨大压力

就像案例中的栋栋，从小就能感受到父母在背唐诗这件事上对自己有很大的期望，开始他也对自己抱有很大的期望，但慢慢地发现这并不是一件简单的事情，并且在背诗的过程中产生很大的挫败感。这时候他用躲避、耍赖等方式尝试拒绝，但父母并没有感受到他内在的需求，而是继续给他加压，使他承受了超出个人承受能力的压力，引发了很多消极行为。他进入小学后，渴望融入集体、得到同学们的认同，而父母完全无视他的需要，一心期望他好好学习，考入名校。巨大的落差对栋栋产生了消极的影响。栋栋父母的期望值越高，栋栋的压力越大。而栋栋表姐的情况更加严重，当孩子感到自己无法实现父母的期望时，可能会产生羞愧感、无望感和无价值感等消极情绪，出现焦虑、强迫和抑郁等心理问题。幸亏妈妈及时发现，给予女儿足够的支持，否则可能要付出惨痛的代价。

2. 没有期待让孩子看不到自己的未来

每个人都有被关注的需要，孩子更需要父母的关注与爱。而对孩子没有期待的父母往往没有做好做父母的准备，不知道该如何对待孩子，又不想加强自身学习，于是任由孩子自生自灭。这样的情况下，孩子很难树立自己的目标、找到发展的方向，因此容易随波逐流，甚至破罐子破摔。

（三）合理的期望对儿童发展的价值

父母对孩子的成长有着美好的期待，这本身就是一种爱的表现。如果父母对孩子的期望太低，低于孩子对自己的期望时，孩子的发展就会没有动力。当父母的期望与孩子的期望一致或略高一点时，孩子既可以从父母那里得到足够的发展支持，也能更有动力。

1. 增加对孩子的关注

合理的期望可以强化家长的教育行为，增加他们对孩子的关注。一般来说，父母对孩子的期望越高，他们为孩子投入的时间和精力就越多。很多对孩子有较高期望的家长以培养孩子为生活中最大的乐趣和责任，并愿意为此做出很多个人牺牲。如，很多父母从孩子很小时就开始亲子阅读，为了更好地照顾孩子而暂时放弃一些工作机会，从而可以更好地陪伴孩子成长。

2. 有利于增添孩子的信心

对孩子而言，合理的期望既可以使他们从父母那里得到更多的支持，又可以帮他们设定合理的发展目标，产生积极的发展动力。很多研究显示，父母对孩子的学业期望较高，孩子的学业表现也会普遍好于其他孩子。那是因为，父母的高期望往往意味着更高的关注、更多的陪伴，孩子的学习机会更多，他们与同龄的孩子相比会更加出色，更有信心。

3. 有利于儿童自我的发展

自我发展是个体人格发展的重要内容。儿童可以通过父母对自己的期望、要求和反馈，形成自我概念，区分现实自我、理想自我和他人眼中的自我。因此，父母的合理期望也对青少年自我同一性的形成起到重要作用。

三、家庭教育指导要点

教育在本质上就是一个实现期望的过程，家庭的教育期望是家长将对自我的期许、儿童的发展、社会的需求连接起来而建立的对儿童未来发展的一种预期或判断。它是对儿童未来成长发展的判断，目的是促使儿童成长为合格的未来社会公民，是要使儿童成为他们自己，而不是他人眼中的谁。家长的教育期望也会作为一种隐性观念，在潜移默化中传递给儿童，影响儿童身心各方面的发展。

（一）理解孩子——小学低段儿童身心发展特点以及学业要求

儿童是发展性个体，他们拥有内在的生长力量，如同胚芽茁壮成长，充满无限可能。要建立合理的教育期望必须先理解儿童，理解儿童的生活和世界。这种理解不是对其指手画脚，而是要真正参与、融入儿童的生活之中，与儿童一起共同成长。

1. 家长应经常观察、倾听孩子

父母应做到，"我知道我的孩子是什么样子的，我知道我的孩子现在需要什么，我知道我的孩子喜欢什么、不喜欢什么"。只有懂得孩子的需要，才会理性地看待孩子的发展，建立合理的期待。父母与孩子最舒适的关系是父母在孩子身后一步的距离，也就是说，父母会始终关注孩子的需要，但是决不越俎代庖。每天放学后，听孩子讲在学校的见闻，不必刻意提问，孩子想说什么就说什么。在孩子倾诉的时候尽量不打断，也不急于做任何价值判断。要充分地聆听与观察，要知道，理解儿童才是家庭教育的基石。

2. 家长应了解儿童的身心发展特点和规律

小学低段儿童依然喜欢玩耍，沉迷于自己感兴趣的事情，做事有一定计划性；阅读水平增强，喜欢自主阅读，偏好有趣的图画书或者桥梁书；身体的协调能力不断增强。但是在这个阶段，孩子的计算能力、创造力还有手部小肌肉群的发育都存在很大的个体差异。每个儿童优先发展的能力并不相同，比如算数好的孩子也许运动能力不够发达，阅读能力强的孩子也许对于音乐的感受性很差。由于刚刚进入集体生活，每个孩子的语言积累、思维能力不同，各项能力的发展速度差异性很大。因此，父母尽量不要进行简单粗暴的比较。对孩子始终要保持宽容与信任的心态，尊重自然规律，允许儿童在生活中犯错误，支持儿童的活动，建立符合儿童发展特点的教育期望。

3. 家长要正确看待小学低段儿童的学业要求

小学低段儿童刚刚进入瑞士心理学家皮亚杰提到的"具体运算阶段"。他们刚刚可以理解事物相同之处与不同之处，思维的过程需要具体事物进行辅助。例如，当孩子无法计算出"3+4等于几"时，讲再多道理不如给孩子几根小棍摆一摆。再比如，有个孩子刚刚学会"5+2等于几"，然后父母再出一道"2+5等于几"孩子就不会做了。这并不能说孩子不聪明，而是说他们的抽象思维还没有建立起来。拼音的学习也是如此，很多家长为教不会孩子而苦恼不已，其实学习语言需要语感的建立，只要给孩子时间慢慢来，反复读、反复拼，有了积累孩子自然就能很好地掌握。

(二) 小学低段儿童家长建立合理期望需要注意的问题

在幼儿园时期,孩子虽然已经开始了初步的集体生活,但评价机制多元,没有统一的评价标准,父母很难建立起合理的期望。而且幼儿较为依赖父母,不少父母会对孩子高度控制,一心想塑造出心中期望的好孩子。随着社会高速发展,有一些父母为了能使孩子更好地适应社会,早早地进行了更多的干预,脱离了儿童自身发展的水平,严重阻碍儿童的健康地成长。

1. 家长对孩子的教育期望要合理

家长的教育期望是针对儿童未来成为什么样的人、取得什么样的成就等进行的一系列预期和判断,应符合儿童自身的发展特点。

2. 不应过分重视认知技能的发展

在学龄儿童的家庭教育中,家长的期待主要集中在孩子的学业成绩方面,此外,还有类似于艺术类考级、体育类比赛等方面的成绩。这些成绩代表了儿童相应认知技能的掌握情况。一方面,这些成绩标准具体统一,父母容易获取;另一方面,对孩子来说,掌握好这些认知技能,能帮助他们更顺利地升学,提高个人综合素质。但只关注成绩与技能的期望太过片面,对于儿童来说,认知技能的掌握只是社会化的一部分,作为一个个体,需要认知、情感、社会性等各方面和谐、统一地发展。

3. 不要忽视孩子个人的成长期望

孩子在每一个阶段,都有属于自己的理想,也期望父母提供支持。如果能被倾听、被尊重,孩子会发展出自我成长的力量。但小学阶段儿童由于自我表达能力比较弱,往往无法清晰地向父母表达自我的期望。而这个阶段的家长很容易将孩子视作自己的一部分,把自我的期望放在孩子身上,如案例中栋栋的父母,无视栋栋的感受,对他进行各种训练。很多父母一味地逼着孩子去学习更多的技能,为孩子报各种各样的兴趣班,提前学习、大量练习,占满孩子的休息和娱乐时间。这些期望不管被包装得多么美好,都是单向的、无视儿童需要的期望,孩子当然不喜欢,会感到有压力。如果此时父母愿意,与孩子真诚交流、对话,就会发现,他们也拥有对自身及对周围世界的人和事物的美好期望。当父母与孩子父母互相理解时,父母才能真正地从儿童的视角出发,看到孩子对自我成长的一系列需求,这些需求体现着儿童自身的利益、兴趣,是一切教育的基点。只有很好地了解儿童,才能实现期望中的教育。

(三) 结合小学低段儿童身心发展特点,合理调整期望

1. 尊重孩子的发展规律

我们都希望孩子有更好的发展,有更美好的未来。所以,在建立期望的时候,要站在孩子的角度,考虑孩子的需要,尊重孩子的发展规律,多观察、发现孩子的特点与爱好,从而建立合理的期望。

2. 不攀比，考虑自身的条件

孩子的天赋与爱好是不同的，每个家庭中父母为孩子创造的学习和生活环境自然也不同。每一种环境中都能培养出优秀的人才，但是优秀的方向各不相同。父母应接纳自己的实际情况并从中寻找优势，不要盲目攀比。心态平和才能给孩子更好的教育。

3. 合理的期望指向的是发展方向

很多父母对于孩子的期望是结果导向，例如，期望孩子可以考上心仪的大学，为了达成这个期望，孩子现在就要在班级中名列前茅。这个期望就是以结果为导向，看的是孩子的成绩、孩子的名次。如果有的孩子在学习上没有那么好的天赋，那么他们在学习过程中的辛苦付出就很容易被父母忽略。期望落空也会带来巨大的失落感，孩子成长的积极性就会被挫伤。

在中小学阶段，学习非常重要，但也并不是孩子唯一要追求的。所以，父母对孩子的期望可以更多地指向孩子的发展，指向孩子优秀品质、良好习惯的养成。例如，我期望我的孩子是善良的、努力的、自律的、有爱心的、对生活充满热情的。这些品质是父母通过养育过程可以传递给孩子的，这些期望更有弹性与空间，只要父母用心付出就会有收获。

4. 合理调整期望，配合孩子的发展

孩子的成长速度很快，变化也很快，对于孩子的期望也不应该一成不变，应该随着孩子变化而调整。要记住，我们对于孩子有期望是因为我们对孩子的爱，这份爱是孩子成长的力量，而不应该成为他们成长的枷锁。一旦发现自己的期望与孩子个人发展的实际情况不符，就应及时调整。

（四）合作共育，引导教育期望的实现

家庭教育中，建立合理的教育期望，除了家长自身的努力之外，还离不开学校的协助。作为儿童成长的重要机构，学校对学龄儿童来说，是他们除了家庭之外生活时间最长的场所，是他们接触、认识、了解世界的中介。因此，帮助家长建立合理的家庭教育期望，实现学生的全面发展，学校义不容辞。家长应多与学校教师进行沟通，密切配合教师做好相关的工作，积极听取教师的建议，并就孩子发展的相关问题、困惑等及时向教师进行反馈，以全面掌握孩子的成长动态，真正理解孩子，促使对孩子的教育期望更加合理、有效。

五、教学参考

【活动目标】

1. 指导家长明确家庭教育的定位，让家长认识到对孩子建立合理期望的必要性。
2. 帮助家长理解什么是对孩子的合理期望。

3. 指导家长掌握调整期望的方法。

【活动时间】

40 分钟。

【活动材料】

阅读材料、视频、A4 纸等。

【活动方法】

小组讨论、合作表演。

【活动过程】

1. 热身、活动导入。

（1）呈现对于挫折的看法的调查问卷数据。

（2）教师分析数据背后的家庭教育问题。

2. 结合案例觉察、反思。

（1）案例分析，达成共识。出示栋栋同学的案例，让家长们结合案例谈一谈自己对孩子的期望。

（2）剖析原因，引发思考。分小组讨论，互相指出对于孩子期望合理或者不合理的地方。

（3）方法探究，科学指导。老师引领家长讨论交流，调整期望。

（4）总结提升，学以致用。家长们讨论后，交流心得体会。

情绪管理 篇

主题 4　无条件的情绪接纳

情绪是个体内心活动的反应,无条件的情绪接纳的本质是理解孩子,从儿童的角度来看待问题,这是对父母的智慧与耐心的挑战。父母漠视或压制儿童情绪,会阻碍良好亲子关系的建立。在本主题中,教师要引导家长学会无条件地接纳孩子的情绪,给予孩子足够的情感支持,让孩子内心充满力量地面对生活中的困难。

一、案例描述

琳琳妈妈因为琳琳上学的事紧张不已。她准备得非常充分,早早就开始培养琳琳的自理能力和认字能力,琳琳在学习方面适应得不错,老师对琳琳也很认可。

可就是这个在老师眼中乖巧懂事的小姑娘,放学一看到妈妈就泪水涟涟。起初,琳琳妈妈怀疑琳琳是不是在学校遇到了什么事情,反复追问,但琳琳什么也不说。琳琳妈妈私下委婉地问老师和其他同学,结果也没问出有什么事情。

对于琳琳妈妈的问题,老师也很纳闷,放学时专门和琳琳妈妈一起问琳琳:"琳琳,在学校是不是有人欺负你?"琳琳赶紧摇头说:"没有。""那么你为什么一回家就哭?"老师问。"我没有……"琳琳说。听到这儿,老师有些迟疑地看了琳琳妈妈一眼,琳琳妈妈非常尴尬,赶紧问琳琳:"这几天回家你不是天天掉眼泪吗?"琳琳抬眼看了看妈妈,接着把头低了下去,然后不管老师、妈妈再问什么,她都一句话都不说。老师示意妈妈先别追问孩子了,有什么问题回去慢慢问,别着急。既然孩子在学校表现挺好的,和同学相处也没问题,而且在学校从来没掉过眼泪,那么可能要从家庭因素上寻找琳琳哭的原因。琳琳妈妈不断地向老师点头致歉。等到老师离开,琳琳的眼中又蓄满泪水,一滴滴地顺着面颊流下来。这时候,妈妈的耐心已经消磨殆尽,拉着琳琳就往家走。

回到家,面对妈妈的质问,琳琳先是摇头,随着妈妈的吼声变大,琳琳哭的声音也更大了。这个场面让琳琳妈妈充满挫败感,琳琳抽泣着回到自己的房间,关上门在里面流眼泪,妈妈也红着眼眶不断反省自己到底什么地方做错了。

晚上，琳琳妈妈给老师打了一个电话，向老师表达歉意的同时，说出了自己的无奈。"琳琳妈妈，我知道孩子天天哭给家长的压力很大，但请您相信，孩子在学校没有什么问题。孩子小时候也哭吗？""上学前，我们是和老人一起住，每次孩子一哭，老人就会满足她各种要求。可是我不娇惯她，她越哭我就越不满足她，让她自己冷静冷静，所以在我面前，她从来不哭，反而上学后，哭起来没完没了。"琳琳妈沮丧地说。"上学以后，琳琳哭的时候，您是怎么处理的呢？"老师追问。"我很耐心地问她原因，可是她就是不说，问急了她就大声哭，哭得我都心烦，所以才打电话问您。"

老师说："孩子上学以后，环境有了巨大的变化，压力本身就很大，每个孩子疏解压力的方式都不一样，这个年龄的孩子，语言表达能力不强，没办法准确地去描述自己的感觉，所以，你问她原因，她没办法准确说出来。下次，琳琳哭的时候，您先不要追问，抱抱她、哄哄她，看看会不会好一点。"琳琳妈妈茅塞顿开，反复跟老师道谢。

第二天放学，琳琳看到妈妈的时候又开始啜泣。这次，妈妈没有不让她哭，反而把她搂进怀里对她说："想哭就哭一会儿，哭完我们去小花园玩。"琳琳把头拱进妈妈怀里，边撒娇边擦干眼泪，欢天喜地地和妈妈去小花园玩了。

后来一段时间，琳琳放学见到妈妈时，还会流泪，妈妈每次都会抱着她、摸着她的长发等她吐露心声。她说，妈妈就耐心听；她不说，妈妈也不追问。琳琳越来越阳光自信，不知不觉中也告别了眼泪。

二、案例分析

对于刚入学的小学生来说，幼儿园的生活环境与小学的生活环境有着很大的不同，需要适应上课的节奏，学习更多的知识……六七岁的孩子很难用语言表达自己的情绪，往往会用情绪应对环境改变的压力。在家中有的孩子很容易发火，有的孩子会不停地说话，而琳琳则是用哭来释放自己的情绪。其实，儿童也有不同的情绪，只是因为年龄小，不容易隐藏，更容易呈现而已。

（一）认识儿童的情绪

情绪是对一系列主观认知经验的统称，是人对客观事物的态度体验以及相应的行为反应。人的情绪是受周围环境刺激而自然产生的，随着个人的成长以及受教育程度的影响，情绪的强度以及应对情绪的方式会有所不同。就像小孩子吃饱会快乐，碰到不喜欢的食物会厌恶，遇到挫折会难过甚至愤怒，情绪是一种对应当时情境的自然而然的反应。当我们感觉到危险的时候，恐惧这种情绪会不受控制地产生，但是如何应对恐惧，每个人都会有不同的选择。

成年人可以通过后天的教育规范自己的行为，控制自己的情绪，但儿童完全不会掩饰自己的情绪。儿童控制情绪的前额叶发育并不成熟，很容易产生较大的情绪起伏。

积极的情绪会让人身心愉悦,所以,当孩子快乐的时候,家长会觉得理所应当,认为家庭关系是和谐的,自己的教育是成功的。反之,当孩子难过、退缩时,父母也会觉得遇到了挫折,甚至会觉得是家庭教育的失败。就像本案例中,妈妈开始是不接纳孩子的情绪的,在她的认知中,孩子的哭是一种负面情绪,是孩子为了让成年人妥协的手段,这种负面情绪会影响心情,影响身心健康,所以妈妈才会如此焦虑。

(二)负面情绪对儿童身心健康的影响

情绪是一个人对于当下情境的反应,本来并没有好坏之分,但是每一种情绪因为带给自己和他人的感受不同,所以被分成了正面情绪与负面情绪。正面情绪包括快乐、欣喜等,可带给人愉悦的感受。而负面情绪则包括生气、愤怒、恐惧、内疚、失望、焦虑等,伴随着不良的情绪体验。这些情绪有的伴随事件而来,保持时间比较短;有的则会维持比较长的时间。

1. 负面情绪的危害

(1)对身体,尤其是对大脑造成伤害。负面情绪不但会伤害孩子的自尊,当情绪激烈的时候,还会对身体造成伤害。比如,当孩子生气时,脑细胞会工作紊乱,引起交感神经兴奋,并直接作用于心脏和血管。大量血液涌向大脑,会使脑血管的压力增加,形成对大脑中枢的恶劣刺激,进而伤害孩子的大脑。

(2)伤害自尊。因为孩子年龄小,认识和管理情绪的能力不足,当孩子被负面情绪刺激的时候,很容易冲动,将情绪付诸行动。有的孩子愤怒时,会选择直接动手打人;有的孩子难过时,会大声哭泣;有的孩子对学校生活感到压力时,会拒绝上学。这些在成年人看来不理性的行为,又加剧了成年人对于负面情绪的偏见。

2. 负面情绪的价值

每一种情绪都是有价值的,可以这样说,情绪的本质是人的自我保护机制,尤其是负面情绪。当一个人感到恐惧的时候,会呼吸急促、心率加快,对环境提高警惕并对出现的危险做出更快的反应。当孩子感到愤怒的时候,会提醒成年人增加对他的关注,警告他人了解自己的边界,保护自己的利益不被侵害。哭泣是对负面情绪的宣泄,是孩子缓解焦虑的一种方式。负面情绪就像身体上的疼痛,会让人不舒服,同时也是最有效的提醒与保护。

负面情绪是一种提示。在本案例中,当妈妈认识到哭的价值后,开始学习放下偏见,接纳琳琳的情绪。孩子哭的时候,不做负面的解读,先接纳孩子的情绪,当孩子的情绪被妈妈充分接纳后,哪怕妈妈没有追问原因,没有给孩子讲道理,孩子也能从妈妈的接纳中汲取到足够的力量来缓解自己的压力,从而慢慢地不再哭泣,适应学校这个全新的环境,更加积极与阳光。

(三)儿童情绪管理从家长的无条件接纳开始

所谓无条件接纳孩子,就是放下自己的价值判断,去爱孩子的全部,而不是有选择地喜欢他的某些地方。无条件接纳意味着父母愿意倾听孩子的内心,理解他的情绪和感受,让孩子不会担心被拒绝和排斥。

在本案例中,琳琳在学校里会感觉到压力,于是本能地选择哭作为舒缓压力的方式。当妈妈不让琳琳哭的时候,琳琳会有一种不被理解的感觉。这对孩子来说,是另一种巨大的压力,因为没有其他的缓解压力的方法,其负面情绪会积累得越来越多。妈妈越不让她哭,她就哭得越厉害。而当妈妈找到问题根源以后,开始接纳她的情绪,这无形中给了琳琳支持,让琳琳感受到自己是有力量的,反而会越来越勇敢地面对挑战,从而适应了学校的生活。从琳琳这个案例中我们可以看出,对于孩子的负面情绪,家长最好的应对方式是无条件接纳,这是孩子走向情绪管理的起点。

无条件接纳不是对孩子的溺爱,无条件接纳的是孩子的情绪。孩子的情绪是对当下情境本能的情感反应,没有好坏,需要父母的理解与包容。像案例中的琳琳妈妈一样,当孩子出现情绪问题的时候,很多家长也会为孩子担心,但是就是不知道该如何去做。究其根本,是因为在很多家长眼中,对孩子情绪的无条件接纳就是对孩子的娇惯与溺爱。溺爱则是对于儿童不良行为的放任或者是无理要求的认可。如青青和妈妈逛超市,青青想买一个漂亮的娃娃,妈妈因为上周刚买了一个而拒绝了青青的要求。青青非常愤怒,一下子躺在超市的地上大哭大闹。这时候,如果妈妈马上给青青买了这个娃娃,就是对青青行为的放任,是溺爱的表现。如果妈妈蹲下身子,安抚青青情绪,但不进行购买,则是接纳孩子情绪的表现。

因此,溺爱看似满足了孩子所有的需要,其实没有真正看到孩子的需要。而无条件接纳则是能够"看到"孩子的情感需要,能够"听到"孩子内心的想法,接纳孩子所有的负面情绪。家长要始终把孩子的情感需要放在首位。

三、家庭教育指导要点

儿童从幼儿园进入小学,除了学习文化知识以外,更重要的任务是学会在集体中生活,这里就包括如何管理自己的情绪。那么,作为父母应该怎样去做呢?

(一)把握小学低段儿童的情绪特点

小学低段的儿童对于情绪已经有了一定的感知,在大多数情况下,能粗略地描述出自己的情绪感受。这让家长对于这个年龄阶段孩子的情绪管理产生了过高的期待,认为孩子已经上学,就要学会管理情绪、控制情绪。

因为阅历不同,成年人与儿童对于压力的感受是不同的。在成年人眼中非常小的事情可能会给儿童造成非常大的压力。小学是集体生活真正的开始,要开始学习适应成人认为上学是自然而然的事情,但新的教室、新的伙伴、新的老师……一切都会让孩子手足无措,再加上年龄过小,无法用语言准确表达自己的不安与焦虑,才会以各种外化行为表现出来。当家长发现孩子有以下行为,并且这些行为是持续的而不是短暂的,那么,这一定是孩子感受到了巨大压力。具体表现为莫名地哭泣,叹气,无端地发脾气,咬指甲或者啃咬橡皮、铅笔等学习用品,行为变得幼稚,医院无法诊断出原因的腹痛、头痛、肠胃痉挛,拒绝上学等。

儿童在学校生活中的压力来源很多。首先是学业方面的压力,小学低段儿童的抽象思维能力、语言文字能力以及逻辑推理能力都比较弱。很多孩子习惯了幼儿园老师的短句式,刚刚进入小学,对于长句式的知识讲解一时很难适应。很多在成年人眼中很简单的知识学习,对于孩子来说都是巨大的挑战。同学之间存在着较大的差异,别人听懂了而自己没有听懂,别人做完了而自己还没有写完,这些对孩子来说都是巨大的压力。

其次是在人际交往方面的压力。学习与人交往、建立和谐团结的同伴关系对每一个孩子都非常重要。但是,因为个性不同、家庭教育不同、交友的技巧不同,每个孩子的人际交往能力有所不同,交往技巧比较匮乏而对人际交往需求高的孩子会产生压力。

最后是自理能力方面的压力。有的孩子在上学的时候还不会整理学具、书本,不知道什么时候该接水,不会扫地……这也会给孩子造成巨大的压力。

家长要了解孩子的压力源,想办法缓解其压力,防止压力过度积累。儿童的个体差异很大,对于环境的感受度不同,情绪的表达也会不同。对于不同气质类型的孩子,应用相应的教育方式。敏感的孩子适应新环境的速度比较慢,性格比较内敛,往往不容易与同伴发生冲突,不擅长表达自己的情绪。他们难过时,一般不会主动求助,需要父母更多的耐心与陪伴。大大咧咧的孩子心理弹性比较大,但易冲动,情绪起伏大。他们会主动向成年人求助,当他们受到委屈时,会表现出明显的负面情绪。父母需要及时对其负面情绪给予关注和舒缓。孩子的性格特质并没有好坏之分,父母要关注孩子的情绪变化,帮助孩子有效管理情绪。

(二)教孩子学会情绪管理

1. 父母做情绪稳定的示范

良好的情绪、和睦的家庭关系都会给孩子带来良好的情绪示范。在日常生活中父母要显示出积极热情、乐于助人、关心爱护儿童等良好的情绪品质。尤其在遇到问题时,父母首先要学会调整自己的情绪,或者对孩子准确描述出自己的负面情绪来源,告诉孩子解决的方法。例如,妈妈在工作中遇到比较大的困难,回家以后情绪低落。此时,孩子邀请你游戏或者辅导学习的时候,妈妈可以诚恳地告诉孩子:"妈妈今天工作特别累,情绪不太好。妈妈可以在这里陪着你玩,但是没有力气参与了,可以吗?"孩子会从妈妈的表达中,学习如何平和地描述负面情绪,同时也会更好地体谅妈妈。

2. 带领孩子认识和表达情绪

情绪产生于每一个人的内心,对于儿童来说很难用语言准确表达。所以,父母可以选择相对直观的事物来让孩子描述情绪。可以用天气来描述情绪变化,还可以用颜色或者形状来描述自己的情绪。家长可以示范:"今天,我的工作很顺利,特别开心,心里一直有一个大太阳挂着。"或者:"今天我感冒了,不太舒服,心里像起了雾似的。"然后问孩子:"你今天心情怎么样?有没有太阳?"孩子回答后可以接着问:"今天发生了什么事,你心情这么……"如果孩子暂时说不出,也不用着急,一段时间以后,孩子就可以很细腻地描述出自己的情绪变化。通过将情绪外化、具象化,让孩子敏锐地发现自己的情绪,有利于提高孩子的情绪敏感度。对于不善表达的孩子,可以用做选择题的方式,引导孩子表达情绪。

3. 教孩子学会乐观

很多时候,让孩子产生情绪的不是事情本身,而是对于这件事的看法。就像对于同样的半杯水,悲观者的解释风格是:"太糟糕了,我只剩下半杯水了。"而乐观者的解释风格是:"太棒了,我还有半杯水可以喝。"孩子因为上课做小动作而被老师批评,如解释为"老师就是针对我,所以那么小的动作也会被老师看到",一定会造成师生关系隔膜;如果家长引导孩子将之解释为"老师很关注我,连这么一点小动作都能看见,我一定是受老师重视的学生",则会教会孩子从事件中寻找正向的力量,更加乐观向上。

(三)正确面对孩子的负面情绪

1. 学会有效表达

人都会有情绪,成年人也不例外,由孩子的问题引发的情绪,对家长来说更难控制。当自己付出努力而孩子仍然没有改变时,父母有时会忍不住情绪失控,这反而会加剧孩子的负面情绪,就如同案例中琳琳妈妈最初的做法那样。因此,在面对孩子的问题时,可改变"你如何如何"的表达,尝试先用"我"做开头描述事实,再表达自己的真实感受。这是因为第一人称的描述通常没有对孩子行为的指责,孩子更容易接受。例如本案例中,当妈妈忍受不了琳琳的哭泣的时候,可以和琳琳说:"我每天回家都看到你哭,我也不知道发生了什么。"这个时候,再表达自己的感受:"妈妈很为你担心,想知道学校发生了什么。"这样说孩子就能听出妈妈对自己是关心而不是指责。

2. 先接纳情绪再解决事情

当孩子陷入负面情绪的时候,很难快速地抽离出来,这时去追问孩子原因或者教育孩子,很难有好的效果。因此,最好能先处理孩子的情绪,抱抱孩子,摸摸孩子的头,用孩子觉得舒服的方式陪伴在孩子身边。很多孩子自己都不知道有时情绪从何而来,或者很难用语言描述。当家长耐心陪伴后,孩子的情绪得以疏解,这时往往不需要家长再特别做什么,孩子就能自己解决情绪问题。对于孩子来说,陪伴与接纳的力量是更加珍贵的。

3. 及时与教师沟通

在孩子入学以后,很多父母很容易把注意力放在孩子的学业上,忽略了孩子情感上的需要。而且,因为相关知识的缺乏,不少家长会感觉,小孩子都是无忧无虑的,怎么会有压力与烦恼?而实际情况是什么呢?很多成年人认为非常简单的事情,在孩子眼里是非常困难的。而且孩子内心丰富,但表达能力有限,无法向父母准确描述自己的压力与情感需要,因此,会用过去比较常用的表达情绪的方式进行释放,如本案例中的哭泣。有的孩子则是容易发脾气,或者在家里没有原因地尖叫、蹦跳,这些行为很可能都是孩子在释放学校生活中的压力与情绪。如果家长不能理解,单纯地讲道理、批评甚至打压,孩子的情绪也许暂时因为父母的要求而被压制,但是无法从根本上解决问题,不良情绪很可能会越积累越多,之后用其他更加激烈的方式进行呈现。

对于大部分孩子来说,突然出现的情绪很可能来自在学校与老师或者同学的相处问题,这个时候积极与老师沟通可能会及时发现问题的症结,找到解决的方法。

情绪无所谓对错,父母要学会接纳孩子情绪表达的多面性,情绪表达的各种情况都蕴藏着情绪转化的可能性。消极情绪可以转化为积极情绪,唯有正视并接纳所有的情绪表达,健康的情绪发展才有可能。

四、教学参考

【活动目标】

1. 通过活动,帮助家长理解情绪对孩子身心健康以及良好亲子关系的影响。
2. 帮助家长更好地自我觉察,学会无条件地接纳情绪。

【活动时间】

40 分钟。

【活动材料】

阅读材料、视频、A4 纸等。

【活动方法】

小组讨论、合作表演。

【活动过程】

1. 游戏热身、导入活动。

活动中,家长间"破冰",感知情绪。

2. 结合案例,觉察反思。

出示琳琳的案例,让家长们结合案例谈一谈自己孩子的情况。

（1）家长分组讨论：剖析原因,引发思考。

（2）教师引领家长进行方法探究,科学指导。

（3）总结提升,学以致用。家长们讨论后,交流本节课的心得体会,并选择一个自己上课伊始提出的问题进行解决。

主题 5　亲子冲突中的家长情绪管理

亲子冲突常常伴随着激烈的情绪冲突,家长如果放纵自己的负性情绪而不加以管理,会令冲突升级,为亲子关系埋下隐患。管理情绪是一种能力,需要学习。本主题中,教师要引导家长重视自我情绪管理,学习科学有效的情绪管理的方法,在亲子冲突中及时给失控的情绪"刹车",提高亲子沟通的实效性。

一、案例描述

晓宇的父母一直对晓宇的品德、人际交往等方面密切关注,非常重视对他的教育。晓宇也如父母所愿,长成了一个活泼开朗、善良热心、品学兼优的男孩。但是,三年级刚开学没几天,妈妈突然接到了老师的电话,说晓宇在学校抢同学的足球,还和同班同学打架。晓宇妈妈得知后怒火中烧,脑海中不停地闪现着"抢劫、打架、校园欺凌"等字样,越想越无心工作,后来干脆请假跑回家,一进门就质问刚放学回家的儿子。晓宇极力辩解,说自己只是想帮忙捡球,并未抢球。但妈妈非常信任老师的判断,面对晓宇的否认,妈妈暴跳如雷。爸爸下班回到家看到后,忙问原因,妈妈愤怒地把老师的话转述了一遍。爸爸听后立刻火冒三丈,迅速加入了斥责晓宇的阵营,晓宇哭喊着央求父母听他解释。看到拒不认错的儿子,爸爸忍无可忍揍了他一顿,晚饭也没有让晓宇吃。妈妈很心疼,但是为了把晓宇教育成一个品质优秀的孩子,妈妈咬牙狠心地坚持了下去。

第二天早晨,任由晓宇妈妈怎么喊儿子起床,晓宇始终都没有动,眼看上学的时间越来越近,妈妈着急地冲上前去拖晓宇,在抓住晓宇手的一瞬间妈妈停住了,晓宇的手很凉,脸色通红,额头滚烫,明显是高烧,于是慌忙把晓宇送到医院。检查结果令人很意外,孩子没有感冒,各项检查项目都显示正常,但始终高烧不退,医生只能给予物理降温,不敢随意用药。两天后,晓宇的高烧终于降下来了,但是又开始胃疼,并伴有上吐下泻。医生建议父母带晓宇看一下心理医生,怀疑是心因性病症。在心理科,无论医生如何询问,晓宇始终闭口不语。

从医院回来,一家人远远地看到班主任站在家门口等候家访。"晓宇怎么样了?"老师关切地询问。晓宇毫无反应。老师握住晓宇的双手:"晓宇,这几天你没上学,老师和同学都很担心你。今天老师来家访还有一个重要的事情,就是向你道歉。前几天的事情,老师已经查证了,老师误会你了,对不起!"老师话音刚落,晓宇"哇"的一声大哭起来。

晚上妈妈做了丰富的晚餐,和爸爸一起郑重地对儿子道歉,懂事的晓宇也原谅了父母,一家人又恢复了以往的其乐融融。晚上儿子入睡后,妈妈欣喜地发现,儿子退烧了。

二、案例分析

家庭教育中,语言教育是家长最常用的主要教育方式,然而却经常会出现"始于教育,终于冲突"的情形。由于家长和孩子沟通不畅,激发了双方的负性情绪,继而成为家长单方面对孩子的批评、指责,而孩子受情绪左右不愿"屈服",由此,家长最初的语言教育就演变为"语言暴力"。最终,孩子哭,家长气,问题非但没有解决,又添新矛盾。正如案例中的家庭,原本普通而正常的教育却因家长处理不得当,激发了亲子间巨大的情绪冲突,甚至导致孩子身体不适,其具体原因分析如下。

(一)家长被情绪主导而忽略了孩子的感受

在家庭教育中,我们总是强调家长一定要多关注孩子的情绪,尤其是孩子的负性情绪出现后,家长更要给予积极、正向的回应和化解。然而,很多家长却总是管理不好自己的情绪,当遇到事情后,不分青红皂白,随意暴发自己的负性情绪。负面情绪是由负性刺激引起的,它很容易"劫持"人的大脑,夺去人思考的空间,使人说出过分的话,采取过激的行为。被情绪主导的家长已失去了正确处理问题的能力,也无法察觉到孩子的真实感受。这样会让孩子更受伤。案例中晓宇的父母就是如此,当接到老师的电话后,立刻主观臆断完全是孩子的错,也不详查事情的真实原委,甚至对孩子进行各种过分的惩罚。被误会后孩子心里已经很难受了,没想到自己最依赖的父母连解释的机会都不给,就妄下定论、惩罚自己,这样接连被冤枉让晓宇的委屈情绪升级。

此外,孩子容易在恐惧和愤怒之中本能地产生自我防御机制,当家长一味地指责,连辩解的机会都不给孩子的时候,孩子容易因自我防御的本能而选择保护性闭口。还有一些家长很害怕孩子的情绪表达,尤其是见不得孩子哭泣、愤怒等负性情绪的表达。其实,当孩子出现负性情绪时,更需要父母巧妙地应对。当家长观察到孩子有负性情绪时,首先要主动关心孩子,其次是用语言和肢体动作接纳和化解孩子的情绪。看起来很简单的一句话或一个拥抱却是很多家长做不到的,而是往往控制不住自己的情绪而随意发泄自己的不满,这不但于事无补,还有可能把事情搞得更僵。

家长良好的情绪管理会给孩子自信的力量。情绪管理得好的家长,一定是懂得鼓励、支持孩子的家长,孩子的自信是从家长一点一滴的支持中得来的。但是人都会有情绪,我们不能要求做父母的就必须没有脾气,只是想告诉家长们,有效的情绪管理和适当的包容可以给家庭更多和谐的空间。

(二)"一言堂"的家长会阻碍对孩子情感的表达

家庭教育中是要讲究技巧的。俗话说,"良言一句三冬暖,恶语伤人六月寒"。亲子沟通的本意是家长希望达到教育孩子的目的,但常常因家长出言不逊而激化冲突。当出现问题时,家长往往"就事论事",但是幼小的孩子最需要的却是"情"的抚慰。当不同的需求难以产生共鸣时,就形成了"各说各话,各自伤情"的局面。僵持时,孩子易生恐惧和愤怒,会本能地自我防御或干脆将自己封闭起来。案例中的晓宇选择了沉默,不愿再跟家长交流,这是很自然的事情。如若家长再不注意言语表达方式,一句中伤、一句讽刺,都会成为孩子"伤口"的添加剂。

(三)家长无原则的"权威认同"会让孩子更加委屈

在孩子的成长过程中,家长和老师同属权威角色,对孩子的影响都是深远的。诚然,家校携手有利于孩子的教育,但前提是要尊重孩子的成长规律,选择适合孩子的科学的教育方式,否则就变成了联手阻碍孩子成长。

很多家长习惯性地对老师的话不加辨别地全部认同,他们忽略了老师也是普通人,也会犯错,因此老师说的话并不一定完全正确。当老师反映孩子有问题,或者老师和孩子之间有误会、有冲突时,家长的处理原则和立场非常重要。喜欢站在老师同侧的父母,经常会说:"老师不会错,都是为了你好……""你要是不出错,老师还会批评你吗?""老师为什么不批评别的孩子?"这样的表达,听起来似乎没有错,却可能对孩子造成更大的困扰,重则导致孩子厌学。正如案例中晓宇的家长听到老师的话后,深信不疑地严厉批评了自己的孩子。原本在学校受到委屈的孩子,回到家中非但没有得到父母的支持和安慰,反而承受了更大的委屈甚至惩罚,这对于任何孩子来说都是巨大的心理打击。

生活中,也有些家长无原则地站在孩子一边,看到孩子受委屈,立刻当着孩子的面批评老师,甚至还会到学校去投诉老师。这样处理也不对,极有可能会加剧孩子对老师的不满。亲其师,信其道,一旦孩子不喜欢老师了,孩子这一门功课的成绩就可能受影响,最后受伤害的还是孩子。

因此,当事情发生后,家长首先要澄清问题,多渠道了解事情的原委。既要听老师的表述,也要认真听孩子讲述事情发生的经过,要多方面、多角度地了解事情的真相。

其次，要分层次解决问题。小误会不要小题大做，持续性和重复性的言语伤害要引起足够的重视。最后，家长应注意不要情绪化，要有理有节、理性表达。

三、家庭教育指导要点

（一）孩子与老师讲述的情况不一致时，家长应该怎样做

1. 给孩子解释的权利

首先要做的是认真倾听并弄清真相，无论孩子在学校发生了多么严重的问题，家长都应给孩子张口解释的机会，并且全面分析，多渠道了解事情原委，尊重客观事实而非一味迎合老师。遇到事情后，要全家人坐下来，谈谈自己的感受，变家长"一言堂"为"多方会谈"，充分尊重孩子的表达。一句温暖的话语和一个结实的拥抱，都是打开孩子心门的钥匙。当孩子出现问题时，家长要调整自己的情绪，保持冷静，主动关心孩子，多用语言和动作安抚孩子。

弄清楚事情的来龙去脉之后，再选择合适的教育方式。要信任自己的孩子，并把这份信任传达给孩子。要明白，自己面对的是这个世界上独一无二的生命个体，他像无数个其他人一样，还不完美，但其成长需要有关系亲密的、值得信任的人给予帮助和关爱。

2. 指导父母帮助孩子管理情绪

首先家长要让孩子明确：负性情绪的存在是很正常的，但负性情绪引起的一些行为不一定是对的。当孩子把不开心的经历分享出来尤其是被误解时，孩子最看重的是家长的态度。对孩子成长中出现的错误行为，很多家庭都是坚持零容忍的态度。尤其当老师或他人向自己反馈孩子的问题后，家长习惯性选择相信他人，完全不听孩子的解释就随意对孩子发脾气并恶语严惩，这样既不利于孩子的成长，也会伤害亲子感情。

在有情绪的时候，其实我们担心的并不是情绪本身，我们更担心的是情绪带来的相应行为。比如，孩子哭闹时，他会采取一些不恰当的方式来释放他的情绪。在这件事情上，我们要告诉孩子可以怎样做，让他自己可以表达愤怒。我们可以和孩子在平静的时候，一起来想一想到底有哪些方法可以选择并写下来，比如画画、扔枕头、睡觉、听音乐、吃喜欢的美食、看书或者写字。

当孩子下次再愤怒的时候，家长就可以提供给他表达愤怒的选项并对他说："妈妈（爸爸）看到了，你现在很生气，那我们看看有什么可以帮助你，我们选一个自己喜欢的方式，让自己感觉好起来。"

在家长有负性情绪的时候，孩子也可以告诉家长："妈妈（爸爸），你现在需要让自己冷静下来了！"家长也可以找一个让自己感到满意的方式，先处理情绪，再来解决具体问题。

3. 注重引导，教给方法

（1）就事论事，不要小题大做，也不姑息迁就。三年级孩子常见的问题，大多是作业完成情况不佳、成绩不理想，或者不遵守规章制度、人际交往出现问题等。家长要把解决问题放在首位，不要牵扯其他的事情，"老账和新账一起算"的教育方式会无限扩大事情的不良后果；更不要攻击孩子的自尊和品格，否则会让孩子的负性情绪和委屈感扩大，起到反作用，不利于孩子的成长。

（2）有些问题可以"冷处理"。"冷处理"不是不处理，而是更有温度、更高水平地处理。面对棘手的事情和自己的负性情绪，家长一定要学习运用"冷处理"的方法解决问题。给自己调整心态的空间，给孩子认识错误的时间，这样，双方才能静下心来思考和面对并处理好这件事情。家长可以选择锻炼放松、转移话题、查阅资料、咨询专家等方式另择教育时机，切忌"一棍子打死"的教育态度和方式，暴力解决只能乱上添乱，贻误教育的时机。

（3）心理学放松小妙招。

第一步：关注呼吸。呼吸是生命的根本，慢下来，把注意力放在自己的呼吸上，可以有意把注意力集中到腹部，做几次深长的腹式呼气，深深地吸气，慢慢地呼气。深呼吸训练可以有效减轻压力，改善情绪。

第二步：感受当下。如果你发现自己非常焦虑、烦躁，就把注意力集中到当下，感觉一下双脚跟地面的接触，动动手指和脚趾；还可以觉察全身的感觉、姿势及面部表情；吃一颗糖，感受糖的味道；或者喝一口水，感受水下咽的过程；或者轻唱你喜欢的歌曲等。

第三步：改变行动。如果你经常久坐，请隔一段时间站起来，伸展一下身体，走动一下，用温水洗一下脸，然后到阳台呼吸一下新鲜空气；如果你整日繁忙不停歇，那么就给自己安排短暂休息的时间，哪怕仅仅几分钟，让自己安静地坐一会儿；如果你总是习惯性地想一些负面的信息，那就转换思路，提醒自己多想开心的事情，甚至可以做个白日梦，想想自己目标实现的时候，然后立刻开始行动；如果你觉得情绪化、迷茫、疲惫或者有些急躁，你可能是累了、渴了、饿了等，暂时停下，用几分钟时间休息一下，喝一点温水，伸个懒腰，或者吃一点小点心。

（4）进行亲子游戏，增强亲子关系。家庭乐趣越多，孩子幸福感越强。在家里，如何才能让全家人一起参与有趣又好玩的活动或游戏？不妨选择一款适合全家一起玩的亲子游戏或一起大声唱歌，让平时忙碌的家人也体验一把游戏的乐趣，这样不仅能促进身心健康，也能增进亲子关系。当然，还可以家人一起创造新的游戏，或者相约一起制作美食，一起聊天，说故事。

孩子是正在发展中的生命个体，需要被尊重、被呵护，需要帮助和疼爱。孩子犯错是正常的，如何科学面对和处理是家长的功课，既然犯错不可避免，那就以一颗平常心来对待吧。

（二）正确避免"始于教育,终于冲突"

家长在与孩子的相处过程中难免会有意见不统一的时候,此时家长首先要做好自己的情绪管理,这样才能有效避免亲子冲突,也可以为孩子做一个好榜样。

1. 在沟通前,家长要先觉察自己的情绪

在各种应激状态下,很多人都会产生紧张、焦虑、恐惧等负性情绪,这些都是特定状态下的正常情绪反应。在家庭教育中,家长首先要学会觉察自己的情绪。下面请用心觉察以下内容。

对发生在孩子身上的这件事,你现在的感受是什么?

如果让你对现阶段的情绪状态做一个评估,你会给自己打几分?

你如何看待自己目前的状态?在居家防控期间,你与孩子的相处怎样?

你对目前的亲子关系满意吗?

你内心期待的状态又是怎样的呢?

如果你对目前的状态感觉还不错,那请你回想一下,你做了哪些事,让自己可以有现在的状态,也请你带着这样的状态继续前行;如果你对现在的状态不满意,感觉恐慌、焦虑、烦躁,那也请你深吸一口气,然后慢慢地呼气,不要抗拒这些情绪,感受一会儿情绪并尝试着去接纳这些情绪。因为只有我们觉察到、关注到自己的情绪并调整好、照顾好自己,我们才有力量更好地去照顾孩子及家人。

请再想一想,这些焦虑、恐慌、烦躁的情绪背后,你的期待或需求是什么?

如果你期待的状态发生了,会与现在有何不同呢?

你觉得你已经做出了哪些努力?还可以做些什么才会接近期待的状态呢?如果可以的话,你也可以通过情绪觉察表(把相应的事件、想法、身体反应、心理反应、行为反应、目标罗列出来)来觉察与反馈自己的情绪及行为。

当家长把关注点放在期待的目标而不是目前的困境上时,积极情绪就会启动,内心的力量就已经被唤醒。当关注到自己能做些什么的时候,就已经有了掌控力,进而会去寻求各种方法,解决困扰。

2. 自我"冷处理"

小学低段的孩子对父母的情感依赖性仍然较强,父母发火时会让他们感到非常紧张和恐惧,孩子会用情绪化的方式表达自己,比如哭泣、拥抱、道歉,稍大一点的孩子会目光呆滞或沉默不语等,这往往会令家长更为恼火。家长要给自己留出冷静期。"冷处理"也适用于家长自我情绪的处理。深呼吸,转身离开现场,如果可以的话,最好家长能够清楚地对孩子表达情绪:"我现在很生气,不适合再谈下去,我需要平静一下。"一旦家长表达了自己的情绪,孩子会自觉遵从指令,给家长留下调整情绪的时间。

3. 亲子约定，互相提醒

亲子约定是个很好的机制，无论是谁首先引发的，冲突一旦发生，就不是单方面的问题，但是想要结束冲突，只要一方退出就可以了。父母与孩子可平时约定好，一旦对方要发火了，另一方有责任提醒对方说："现在我们先暂停一下，冷静一会儿我们再来讨论这个问题。"

很多亲子冲突，其实仔细想想，都不是对与错的较量，而是情绪的较量。父母拼命想维护自己的权威，证明是孩子错了；要知道孩子也是很有自尊的，他也不想承认，即使嘴上认错了，表现出的不服气往往让父母觉得态度不够诚恳和端正。这种对峙和冲突对于解决问题没有任何帮助。所以，作为成人，父母真的不要让自己的情绪肆意地生长和蔓延，让情绪妨碍自己理性思考，冲动行事后又追悔莫及。

孩子倔脾气上来了，家长可以说："现在不是对话的好时机，等你冷静了再来谈吧。"家长要发火了，孩子也可以说："爸爸妈妈，我们等一下再来讨论这个话题。"彼此的提示都是基于尊重，都要诚恳地接受。家长如果不及时冷静下来，等到希望孩子冷静的时候，孩子也可以说无法冷静。在这个方面，孩子真的做得比我们好，只要我们给予足够尊重，孩子会非常慷慨地给我们这个机会。

4. 避免迁怒，不要将生活和工作中的负面情绪迁移到孩子身上

对于孩子，尤其是未成年的孩子，父母几乎等同于孩子的全部，而父母的情绪也会始终牵动着孩子的心。父母不开心，就会把这种情绪带给孩子；等父母开心了，自己会很快忘了刚才的不愉快，但对孩子而言可能是成长的阴影。家长要注意避免将负面情绪迁移到孩子身上。

5. 调整认知，树立阳光心态

父母的情绪调节能力是孩子情绪调节能力发展的重要基础，而且父母消极情绪表达的强度、频率、指向性都会影响孩子的情绪调节。青少年通过观察父母的情绪表现和互动来学习调节情绪。也就是说，情绪会传染，当家长掌握了良好的情绪调节能力，并能在家里有效加以运用时，就会调动与影响整个家庭的氛围。比如，在孩子遇到消极情绪时，父母有时会建议孩子深呼吸，想一些美好的事情；再比如，大家都比较急躁、焦虑地表达观点时，家长可适当降低声音，让说话声音变得轻柔一些，其实，这就在无形中给孩子提供一些调节情绪的策略。合理情绪疗法、腹式呼吸法、正念练习等都是比较有效而又简便易学的方法。

同样一件事情，如果我们对这件事情的想法或认知不同，那么我们的情绪和行为也会发生改变。如果事情已无法改变，我们可以换个视角来看这件事，那么就会有不同的感受与行为反应。

6. 处理问题要表达自己的观点和感受，不以宣泄情绪为目的

很多时候，我们的情绪不一定是由当下的事件引发的，而是因为我们本身就积累

了一些负性的情绪,孩子的行为可能只是一个导火索而已。我们本身的情绪可能是工作不顺利或是身体不适带来的,也可能源于和爱人闹矛盾,总之,自己心情本就不舒畅,孩子再不听话,真的就气不打一处来。这其实对孩子是相当不公平的,孩子会觉得家长莫名其妙。所以,我们和孩子沟通前要先调整好自己的情绪,不要把任何负面情绪带到与孩子的互动中,在和孩子沟通时应就事论事。如果能有这样的反省,我们慢慢就能以平和的情绪去和孩子沟通及互动了。

四、教学参考

【活动目标】

1. 引导家长明确,在亲子冲突中,家长自身的情绪管理很重要。

2. 帮助家长了解小学低段学生的情绪发展特点,明白其情绪管理能力弱,需要耐心引导。

3. 指导家长学会运用科学的方法进行自我情绪管理,为良好的亲子沟通打下基础。

【活动时间】

40分钟。

【活动材料】

阅读材料、视频、A4纸、笔等。

【活动方法】

活动体验、小组讨论、情景演练。

【活动过程】

1. 案例分析,引发共鸣。出示晓宇同学的案例,让家长结合案例谈一谈自己在家中与孩子互动的情况,认识到家长的负性情绪会给孩子成长带来不良影响。

2. 探究自我,觉察反思。家长结合日常与孩子的互动,觉察并分析自己有时情绪管理能力弱的原因。

3. 方法探究,科学指导。通过视频微课、理论学习等方式,教师指导家长学习情绪管理的具体方法以及亲子良性互动的技巧。

4. 总结提升,实践运用。家长根据所学制订自己的情绪管理计划。家长之间也可以组建监督互助小组,课后共同监督,互助成长。

【活动提示】

在活动中围绕以下问题进行充分讨论。

1. 家长的负性情绪对孩子的成长有哪些不良影响?
2. 家长应从哪些方面进行自我情绪管理?管理的方法具体有哪些?
3. 结合自己的情绪管理经验,思考如何教会孩子进行情绪管理。

主题 6　学会给孩子积极暗示

心理暗示通常是指人接受外界环境或他人的愿望、观念、情绪、判断、态度影响的心理特点。未成年的孩子是最容易接受心理暗示的群体之一。在日常生活中父母会有意或无意地给孩子一些暗示，这些暗示对孩子的性格、学习和生活习惯起到举足轻重的作用。本主题旨在帮助父母学会用积极暗示促进孩子的健康成长，避免消极暗示带给孩子的伤害。

一、案例描述

一年级三班的徐力，个子瘦小，性格内向。开学不到两周，家长就发现了孩子的问题：每天早上磨磨蹭蹭不起床，经常哭泣，不想上学。妈妈每天早上送徐力上学都是一件非常困难的事。即便妈妈不断安慰和鼓励他，到了校门口，他还是使劲抓着妈妈的手，眼泪汪汪地乞求妈妈带他回家。有一次，妈妈和徐力在校门口僵持了近一个小时。有时妈妈着急上班，需要老师和保安协助，才能让孩子走进学校大门。

过了一段时间，徐力上学哭闹的情况有所缓解，但是各科老师都反映他在课堂上听讲不认真，也不主动回答问题，数学老师的意见最大。一次数学课上，老师看徐力正在搞小动作，就让他起来回答问题。徐力迷迷糊糊站起来说："我不懂。"周围同学不由得将目光转向徐力，个别同学捂嘴窃笑。见此情景，老师没再追问。下午放学，数学老师和他进行了交流："20以内的加法，我们已经学了两节课了，你怎么还不懂？你的基础成绩不好，课上为什么还做小动作？"徐力低着头嘟囔："我听了还是不懂，听了也没用，反正我数学是不可能学好的。开学以来，我的数学作业只得过一次'合格'，我妈说我的数学成绩是没救了。"

学校举行班级合唱比赛，要求全员参加，徐力却不肯上场。班主任问他原因，只见他的眼眶红了，喃喃地说："我才不喜欢唱歌呢！上幼儿园的时候，我唱歌给爸爸听，他说我唱歌像小乌鸦。"

通过与徐力的几次谈话，班主任意识到孩子的问题与父母的教育方式有关系，决定进行一次家访。通过家访老师了解到,徐力的父母都是高学历的公司白领,平时工作比较忙,他们对孩子的期望值很高。亲子沟通过程中出现问题时,基本上采用的都是简单粗暴的方式。

入学前,徐力在家里稍有表现不好,妈妈就会告诉他:"等你上学了,你敢不听话,教师会罚你去小黑屋的。"入学后,妈妈负责徐力的作业辅导,在辅导过程中,发现孩子的能力水平与自己的预期有很大差别,当她看到一些简单的口算题孩子都会算错时,妈妈便会唉声叹气,后来转为训斥,并预测徐力将来是一个偏科严重的孩子。为了让他在数学上有所进步,她给徐力买了好几本《口算天天练》,每天做一页。如果孩子错一道,就直接训斥,并且要罚两道,错两道就要罚四道……看到班里其他同学成绩优秀时,妈妈更是着急上火。在她的眼里,别人家的孩子都比徐力强,徐力就是太笨。妈妈还多次在家庭聚餐时,当着众人的面表扬别人家的孩子比徐力聪明可爱。

当说起徐力唱歌的事情时,爸爸表示非常愧疚,当时孩子从幼儿园回到家中,非要唱首新学的歌,因为是新歌,歌词和曲调都记不清楚。爸爸就打趣说他唱歌像小乌鸦,没想到这件事给孩子造成这么深的伤害。

经过交流,班主任明白了问题所在:家长不断否定孩子,给了他一种消极的暗示,所以孩子没有自信,出现了自卑心理。老师引导家长要学习正向鼓励孩子,给孩子树立信心,并建议家长要把大目标分解成多个小目标,当孩子完成每一个小目标时,就给他适当的鼓励与表扬,让孩子看到希望。

为尽快打开孩子的心结,老师和家长商量好,利用周末时间给孩子找一个声乐老师,指导孩子先学唱几首简单易学的歌曲。学会后,班主任在班里为他举行了一个小型个人演唱会。老师对全班同学说:"徐力同学最近经过自己的努力,学习了很多唱歌的技巧,再加上他天生的好嗓音,现在已经是一个小小的歌唱家了。"当徐力站在讲台上一展歌喉时,老师和同学们给予他热烈的掌声,徐力的眼圈都红了。

从此之后,徐力犹如变了一个人,课上总能看到他高高举起的小手,课下总能看到他与同学们争论数学题的场景。看到徐力的进步,老师们也会在课堂上向他投去赞许的目光。孩子的变化,使徐力家长深感积极引导的重要性,同时也十分感谢班主任的指导。

二、案例分析

案例中的徐力同学是小学低段的学生,这个年龄段的儿童,还不能主动对自我进行认识,是最容易接受心理暗示的群体之一。家长在与孩子互动过程中表现出的认知与态度潜移默化地影响着孩子的自我认知,并起到阻碍或促进孩子成长的作用,这就是心理暗示的影响。

（一）暗示的分类

1. 言语暗示和非言语暗示

言语暗示是暗示者通过语言表达出自己的意图，受暗示者也是通过语言进行自我反省。非言语暗示是暗示者运用肢体语言、眼神等手段对受暗示者进行暗示。案例中的班主任，演唱会前在全班同学面前表扬徐力，这是通过语言给予徐力暗示，让徐力相信自己的演唱水平，对自己充满自信。

2. 积极暗示和消极暗示

积极暗示可以使暗示者增强自信，充满力量；消极暗示则会使受暗示者气馁、抑郁，有挫败感。案例中徐力的妈妈在教育孩子时，让孩子产生了恐惧上学的心理；辅导徐力写作业时，发现孩子出错，她经常唉声叹气，就给孩子一个消极的暗示：又让妈妈生气了，我数学能力真差。久而久之，徐力就对自己的数学学习能力失去了信心。

3. 有意暗示和无意暗示

有意暗示就是暗示者有目的性地采用相应的手段，使受暗示者在不同方面发生变化；无意暗示指被暗示者受到的暗示不具有故意的性质，可以是环境、氛围等。

4. 外界暗示与自我暗示

外界暗示是指被暗示者从外界接受了某种观念，这种观念对其在有意识或无意识中发生作用。自我暗示是指自己将某种观念暗示给自己，对自己的心理施加某种影响。案例中徐力在班级合唱比赛时坚决不上场，是因为他的自我暗示是：我是个不会唱歌的小孩，我不能参加比赛。

（二）积极暗示的作用

小学低段的学生与成人不同，他们具有很强的可塑性，积极暗示在某种程度上能帮助其树立自信心，培养其各方面的良好习惯和品质，使其得到更好的发展。

1. 有助于增强自信

小学低段学生的自我意识还没有充分发展，他们对事物的判断力的发展远远落后于他们的求知欲、好奇心及观察力。积极暗示对提升他们的自信心有重要作用，在日常生活中，特别是在公共场合，父母对孩子的态度十分重要。如果父母能给孩子真诚的微笑或赞许的目光，那么就会孩子增强自信心。父母的称赞和鼓励是孩子前进的动力，父母对孩子的积极暗示使得他们对自己充满了信心，孩子会告诉自己："我是最棒的！"

2. 有助于重新认识自我

父母善于运用积极暗示教育孩子，就会使孩子获得不断努力的动力，向更高的目标努力。如果父母经常说"你真是太棒了""你怎么会想到这个好办法"这类的话，孩子就会产生一种动力，能看到自己的长处，认为自己是有能力的。案例中，徐力的班主任给了他一个展示自己的机会，让徐力认识到自己唱歌也能唱好，打破了原有的自卑心理,对自己获得新的认识。

3. 有助于增强抗挫折能力

心理学家马丁·塞利格曼做过调查,在品质、意识和智力等方面有杰出表现的人中,有90%以上的人在自己的童年或少年时期都受到过来自亲人的积极暗示。积极暗示对孩子来说,越是早期越有较深远的作用,暗示者与孩子的关系越亲密,作用越明显。

小学低段的学生在遇到困难时,容易采取消极逃避的态度,有的家长会直接帮助孩子解决问题,长此以往孩子的逆商就会越来越低。在孩子遇到困难时,父母要尽量给予积极暗示,如"这次确实没有做好,还要加把劲儿,相信你下次一定会成功的"。如果孩子有了一点进步,父母也要及时鼓励。这种积极暗示能帮助孩子正面思考和解决问题,增强抗挫能力。

(三)暗示的传递途径

暗示在家庭教育中可起到润物细无声的作用。具体来说,暗示的途径分为眼神暗示、表情暗示、语言暗示、动作暗示、榜样暗示等。

眼神暗示:例如孩子在学习时玩橡皮,家长不用语言批评,而是用眼睛盯着他的手,他马上就会明白家长的意思。

表情暗示:小学低段儿童对父母的表情所传达的信息十分敏感,家长可以通过表情传达肯定、同意、否定、禁止等。如父母对孩子赞许地点头或微笑,就是一种最好的激励。

语言暗示:把要表达的意思委婉地说出来,而不是直接对孩子进行批评。可以用讲故事、打比方等方式,这样的方式让孩子既容易接受,也不会伤害孩子的自尊心。

动作暗示:家长可以用肢体语言把自己的想法表达出来,如在表扬孩子的时候,点点头、拍拍孩子的肩膀,往往比单独的语言表扬更有效果。

榜样暗示:对小学低段儿童来说,父母是他们模仿的对象。身教大于言传,父母的言行会对孩子产生潜移默化的影响。要想教育好孩子,父母首先要做好自我教育与自我反思,只有父母好好学习,孩子才能天天向上。

三、家庭教育指导要点

小学低段儿童往往判断能力弱,缺乏主见,对于成人流露出的想法,他们极易认同。家长应努力为孩子创设积极暗示的环境,给他们上进的勇气、信心和力量。

(一)避免家庭教育中产生消极暗示

1. 肢体语言

肢体语言是连接情感最简单有效的沟通方法,但家长错误的肢体语言极容易给孩子消极的心理暗示。例如,一声长长的叹气,这是在暗示孩子:你让我觉得很难再忍受你了。心烦意乱地走来走去,暗示着紧张焦虑的情绪,并且这种情绪极易传染给孩子。长期使用控制性的肢体语言对待孩子,迫使他听话,会对孩子的发展产生非常不利的影响。

2. 行为模式

家长的一些不当行为,往往也传递给孩子一种消极暗示。例如,孩子摔倒后,如果妈妈慌忙跑过去将孩子抱起来,心疼得满脸自责,孩子看到妈妈的紧张情绪,便会获得心理暗示,感觉自己摔得很疼,于是更容易放大自己的情绪,妈妈越安慰,孩子哭声越大。还有部分家长,总是盯住自家孩子的缺点不放,常拿别人家孩子的优点与自家孩子的缺点相比,这种行为极易给孩子形成消极暗示,让孩子产生自卑心理。

3. "贴标签"

小学低段儿童非常容易认可外界对自己的评价,如果自己的行为被外界贴上"标签",他就会做出自我印象管理,使自己的行为与所贴的"标签"内容相一致,这种现象被称为"标签效应"。家长给孩子"贴标签"的消极暗示有很多,例如,家长让孩子跟陌生人打招呼时,孩子声音小或者不主动,有的家长就会说:"这孩子从小就胆小、害羞。"这样的解释不但解决不了任何问题,还会让孩子形成"我胆小、害羞"的心理暗示,久而久之孩子就可能真的胆小、害羞了。

(二)言语积极暗示的艺术

1. 注意语言的技巧

家长与孩子交流时,不要用禁止性的语言。行为预警时要用具体行为要求替代后果性描述,例如,看到孩子正端着菜盘子时,父母把"别洒了"转换成"端平、端好、端稳";安抚孩子情绪时用积极、正向词语代替消极词语,把"不要紧张"转换成"放松、静心",尽量不用"不"的句式。

家长与孩子交流时,可以多问几个"为什么",尽量不用封闭性提问,不要让孩子总是以"是"或"否"来做简短的回答。每天放学接孩子后,父母与孩子交流时可提问:"你今天在学校最高兴的事是什么?为什么它让你那么高兴?"这样的提问内容具体且有助于亲子沟通。

2. 注意说话的方式

父母在教育孩子时,只讲道理,孩子未必接受。家长可以通过讲故事、做游戏、角色体验等方式点拨和启发孩子,从而达到积极暗示的目的。比如在培养孩子的爱国情感时,家长经常给孩子讲邱少云、董存瑞、王二小、雨来等英雄人物的事迹,对孩子形成积极暗示,孩子的爱国情怀就会自然地渗透到他的行为中了。

人有一种本能的趋利心理,所以会在两个或者多个选项中选择有利的选项。利用这一心理现象,在教育孩子方面也会取得很好的效果。例如,家长问:"吃完饭洗碗去好吗?"这句话中包含一个暗示:你去,还是不去呢?就等于给了孩子两个相反的选项:去或者不去。平时娇生惯养的孩子当然会毫不犹豫地选择"不去"。如果我们换一种说法:"吃完饭你打算去洗碗还是扫地?"按照孩子的心理,一般都会不假思索地拣他认为轻松一些的事情去做,可能会回答"扫地"。

(三)正确的表扬与批评

1. 学会正确表扬

(1) 表扬要及时准确,具有针对性。家长表扬孩子的目的在于激励孩子的成长。表扬时,语言要明确具体,说清楚孩子哪里做得好、做得对,切忌空泛地赞美孩子。例如,孩子能主动收拾自己的书桌时,家长应该说:"宝贝真棒,书桌收拾得十分整齐,各类文具也摆放有序。"孩子能注意到讲卫生时,家长应该及时肯定,说:"孩子,你的手洗得真干净!"

(2) 表扬时的态度要真诚。大多数的中国父母因为受传统教育影响,在众人面前不轻易夸自己的孩子,因为怕孩子变得骄傲,甚至有的时候还会用反话来刺激孩子,希望孩子可以按照家长的想法去做,可是最后并没有达到预期的效果。与其这样,不如让孩子知道家长对他的正面评价,大大方方地在众人面前表达对孩子的称赞,因为这种评价是客观的、真实的。

(3) 借第三者传达信息。当孩子慢慢长大,他们需要的不再只有父母的肯定,他们更需要其他人的肯定。当肯定的语言由第三者表述出来时,更容易使孩子感觉到真实性。为了达到更好的激励效果,父母可以让孩子喜欢或崇拜的人,比如老师、事业有成的亲戚、威严的长辈来表扬自己的孩子。如果孩子从其他长辈的口中听到"你父母对我说,你最近进步特别大,我觉得你很棒"这种间接的赞美,能使孩子自然而然地相信并肯定自己。

2. 学会正确批评

小学低段儿童容易看到自己的优点,不善于客观地评价自己。当孩子犯错误时,家长会怎么办?虽然批评和惩戒教育是必要的手段,能让孩子为自己的过失负责,但是很少有父母想过,犯错误对于孩子意味着什么。所以,批评的重点不在于批,而在于评。

(1) 避免"算旧账"。有些孩子犯错误后,父母就会不停地在其耳朵旁数落:"你是不是欠揍了?""你下次再这样,就别进家门了!"这种批评,会让孩子产生一种逆反心理。当孩子做错事情时,家长要把握不能重复批评的原则,更不能老账、新账一起算。如果再次批评,也不应简单地重复,而要换个角度、换一种说法,避免让孩子产生逆反心理。

（2）先肯定，再否定。家长批评孩子目的不是为了一泄心头之恨，要注意孩子的接受程度，以及批评的效果，最好的教育方式是"先肯定，后否定"。如家长跟孩子说："你是一个很懂事的孩子，但你今天的行为让妈妈有些生气了。"这种批评方式，等于在暗示孩子："你平时做得很不错，妈妈很满意，只是这次你做得不够好。"当孩子收到这样的信息之后，就会努力改正自己的不足，争取做到最好。

（3）不在第三者面前批评孩子。中国有句老话叫"当面教子，背后教妻"，实际上这也是不合情理的。孩子也有尊严，也不该当众批评，父母喜欢当众说孩子的一些缺点，希望迫于众人的压力，孩子会改掉这些缺点。可事实上却恰恰相反，在外人面前被"揭短"会让孩子非常反感，看似父母在以爱的名义教育孩子，实际上是在伤害孩子，正所谓"表扬用喇叭，批评用电话"。

（四）非言语积极暗示的艺术

1. 行为暗示

小学低段儿童容易情绪化，情绪多随情境的变化而变化，破涕为笑之类的情况时常见到。其自我控制能力较幼儿阶段有了发展，但有待提高，他们特别容易受他人的影响与暗示，进而产生不自觉的模仿行为。

身教重于言传，家长的举动时刻影响着孩子。如果家长热爱运动，每天坚持锻炼身体，那么孩子肯定也会积极向上、热爱运动；如果家长在公共场所不随地乱丢果皮纸屑，孩子就会自觉地把垃圾丢到垃圾桶里；如果家长经常在灯下读书，孩子就知道每天看书学习是必须做的，肯定比较喜欢读书。

2. 环境暗示

当今时代，偶像在孩子成长过程中所起的作用不可小觑，家长要善于发现，并抓住孩子的心理，对孩子进行积极暗示。比如在孩子的屋里挂上其喜欢的科学家画像并写下座右铭等，或者是在孩子的房门上张贴本周或者是近期的奋斗目标，这些都能从环境方面给孩子一个积极的暗示。

3. 自我暗示

家长应该有意识地训练孩子进行积极的自我暗示，经常让孩子对自己说"我能行""我很棒"等激励性语言，这些积极性语言会让孩子增添战胜困难的勇气和信心。

总之，家长要掌握积极暗示的方法，学会不动声色地教育，让孩子学会自我认可，自信地在轻松愉快的环境中成长。

四、教学参考

【活动目标】

1. 帮助家长了解心理暗示对孩子成长的影响。

2. 帮助家长认识到积极暗示的重要性。

3. 指导家长学会积极暗示的方法,培养孩子的自信心。

【活动时间】

40分钟。

【活动材料】

阅读材料、视频、A4纸等。

【活动方法】

小组讨论、合作表演。

【活动过程】

1. 案例分析,达成共识。出示徐力同学的案例,让家长结合案例谈一谈自己孩子的情况,了解消极暗示给孩子带来的影响。

2. 剖析原因,引发思考。家长分小组讨论,分析自己在教育孩子过程中出现的消极暗示及其原因。

3. 方法探究,科学指导。老师引领家长讨论交流,认识积极暗示的作用,掌握一定的积极暗示方法。

4. 总结提升,学以致用。家长讨论后,交流本节课的心得体会,并结合自己日常生活中的事例,谈一谈如何给孩子积极暗示,培养孩子的自信心。

【活动提示】

在活动中围绕以下问题进行充分讨论。

1. 你了解心理暗示对孩子成长的影响力吗？

2. 家长应该如何避免给孩子消极的心理暗示？

3. 家长如何运用积极暗示培养孩子的自信心？

主题 7　和孩子一起面对挫折

挫折是儿童生命历程中的激流与险滩。是战胜挫折、让挫折成为孩子成长的财富，还是让孩子被挫折打败、从此负重前行，这考验的是家长的教育艺术。本主题中，教师要引领家长与孩子一起面对挫折，进行心灵磨炼，把挫折变成孩子成长的财富。

一、案例描述

小帅是一个活泼顽皮的二年级男生。因为小帅妈妈年龄较大时才生了小帅，所以对他特别宠爱，除了满足他所有的物质需要以外，还辞掉工作，全身心地陪伴小帅。每天小帅回到家，妈妈的第一句话就是："帅帅，你今天过得快乐吗？"如果孩子的答案不是肯定的，妈妈就会非常担心，一定要私下问问老师原因。孩子的课堂作业出现问题时，妈妈也总是第一时间致电老师检讨自己的错误，希望老师千万不要批评小帅，弄得老师哭笑不得。

在妈妈无微不至的呵护下，小帅天真而自我。和同学相处的时候，他从来不考虑别人的感受，玩闹的时候也不顾后果，经常和同学发生冲突。但每次老师一批评他，小帅的妈妈就会搬出各种教育理论来维护小帅。不过好在小帅妈妈虽然不让老师批评孩子，但回到家会慢慢和孩子讲道理，也会积极和对方家长沟通，一年下来相安无事。

有一天，老师宣布第二天要进行班干部竞选，小帅特别开心，因为他爱好体育，特别喜欢踢足球，非常想成为班级的体育委员。放学回到家，小帅就迫不及待地把这个消息告诉妈妈。"妈妈，我们班要选班干部了。你说，我能不能当上体育委员？"小帅急切地问。在妈妈心中，孩子永远是最棒的，小帅妈妈对于小帅可以胜任体育委员这件事毫不怀疑。小帅兴奋地在家里蹦来蹦去，不断喊着："我要当体育委员了！"

晚饭后，妈妈马上和小帅一起字斟句酌地准备演讲稿，妈妈还让小帅反复训练，直到把稿子读熟才结束。第二天，小帅信心满满地上学去了，妈妈也在家急切地等待着儿子的好消息。

放学了，妈妈一眼就看到了放学队伍中无精打采的小帅。妈妈的心一沉，路上人太多，妈妈就什么也没问。等一进家门，书包还没有放下，小帅就号啕大哭，妈妈一下子明白了。小帅哭诉着竞选失败的过程，同学们都把票投给了学习没有小帅好、跑得没有小帅快的天天。听着小帅撕心裂肺的哭声，妈妈的心都要碎了。

到了晚上，小帅饭都没吃几口就嘟囔着困了睡觉去了。妈妈辗转反侧，不顾已经深夜，给班主任小张老师发了一条长长的微信。"张老师您好！我是小帅的妈妈，很抱歉这么晚打扰您。今天小帅回来情绪非常崩溃，因为没有选上体育委员很难过，也觉得不够公平，我们的教育就是要给每个孩子公平的机会，也要让每个孩子得到锻炼……"

第二天早上，小帅怏怏地拖拉着不想起床，但是妈妈催着他赶紧上学。小帅无精打采，一路上什么也没和妈妈说，低着头慢吞吞地走进学校。这时，小帅妈妈也接到了班主任的回复："帅帅妈妈，昨天的选举我们全程公平公正，所有的同学都可以作证，我这里还有每个学生的选票。每个学生都非常优秀，没有谁不如谁，但我也很想借这件事和您好好聊聊。"

见到班主任，小帅妈妈从准备竞选说到孩子失败的沮丧，直言自己是个失败的妈妈，说到动情处，流下了眼泪。一直在倾听的班主任递过纸巾，说出了自己的看法。"小帅妈妈，我在带班的时候就发现小帅这个孩子学习能力很强，而且学习基础特别扎实，这在低年级的男孩子中并不常见，每次布置的拓展作业、实践作业他都完成得很认真，这些应该都是你的功劳。所以你不是一个失败的妈妈。"停了一下，老师继续说："但是，我也发现小帅的抗挫折能力特别差，一旦出现错题，他就会陷入负性情绪里，很不高兴。其实孩子上学就像学习走路，走走摔摔，爬起来继续走很正常……""小帅小时候真的没摔过，我照顾得可仔细了。"小帅妈妈插嘴道。

"我们不能保护孩子一辈子，该经历的挫折就得让孩子经历，现在我们陪在孩子身边，可以及时地帮助他，但是不能替代他。每一次遇到挫折，都是孩子学习的机会，现在您替孩子挡下一切困难，孩子却缺席了如何从逆境中爬起来这一课。""可是孩子会不会因此而留下心理阴影，心理不健康？"小帅妈妈追问道。

"小帅妈妈，您也太小看孩子了。他们虽然年龄小，但是每个孩子心理都有强大的自愈能力。每一次孩子遇到的问题、困难、挫折都是学习的机会。也许在一段时间里，孩子会难过，可挺过去以后，孩子会更加强大。未来我们的孩子还会迎接很多挑战，学习上的、人际上的、工作上的，所以现在帮助孩子学习如何去应对挫折甚至比学习都重要。如果一个孩子完全生活在父母的保护之下，只会成为一个脆弱的宝宝。这一定不是您想看到的。"

"可是，孩子现在难受，我也难受。张老师，能不能想想办法，让小帅这次当上体育委员？"小帅妈妈问。老师微笑着摇摇头，说："成长从来就伴随着各种不舒服。您是不相信小帅可以靠自己的力量来应对这次挫折，觉得只有自己出面、替他争取才可以？您的孩子没有您想的那么脆弱。"

  这次谈话持续了整整一个小时。回到家小帅妈妈还在回味，小帅见妈妈没有替自己争取到体育委员，一句话没说就进屋生闷气去了，妈妈很沮丧。

  过了几天，小帅妈妈忍不住给老师打了电话："张老师，我想过了，您说得很有道理，可是我该怎么做呢？"张老师说："先从发现孩子的力量开始。比如这次选举他虽然落选了，但是做了很棒的演讲，你可以回去拥抱他，告诉他，老师和同学们都觉得他的演讲棒极了，想知道他是怎么做到的。"晚上，妈妈照着李老师的话做了，小帅得意地说："是呀，今天我同位也说那天我的演讲最棒，不过天天性格好，愿意帮助别人，所以他们才选的天天。其实妈妈，天天是我的好朋友，他踢球也很棒……"一场选举的风波就这样过去了。

  经历了这件事以后，小帅的妈妈开始反省自己并观察孩子，也发现了孩子身上害怕失败、拒绝承担责任等问题。当小帅再遇到挫折时，妈妈开始放手，忍着不舍，不去找老师替他解决问题，而是去陪伴、支持、鼓励小帅面对困难。

  慢慢地，小帅越来越阳光，身边的朋友也越来越多。小帅妈妈从心里感谢那次挫折，庆幸自己抓住了机会让孩子成长，也让自己成长。

二、案例分析

  案例中的小帅妈妈十分爱孩子，力图让小帅一直保持一种身心愉悦的状态，甚至在孩子遇到问题时主动找老师承担责任，唯恐孩子被老师批评而感到难过。关注孩子心理健康发展，是不是意味着不让孩子经受挫折的风雨呢？

（一）正确认识挫折

  所谓挫折，是指人们在有目的的活动中，需要或动机不能得到满足的情况。挫折既是指人们遇到无法克服或自我认知为无法克服的阻碍，也指个体在有目的的活动中行为受到阻碍而产生的情绪反应。挫折的确会打击儿童的自信，使他们很容易产生"我不行"的想法，并由此退缩而产生自卑情绪。儿童还会因为挫折而伤害自尊，无法正视自己，不敢与人交流，更严重的还可能会产生自暴自弃的心态。

  学会应对挫折是儿童成长的必修课。儿童在成长过程中，因为年龄小、能力差，做不好的事情多，就容易产生挫折感。挫折在生活中无处不在，很多家长之所以不愿意让孩子经历挫折，往往是担心孩子受到伤害，情绪会受到影响。其实，父母如果总是害怕孩子会因为挫折而难过，过度保护、替代，反而会剥夺孩子的尝试机会，孩子的内心会更加脆弱。案例中，正是因为小帅妈妈的过度保护，才让小帅失去了从挫折中锻炼成长的机会，导致小帅的情绪控制、人际交往、责任心等方面出现各种各样的问题，并在班干部选举这件事中集中暴露出来。

（二）小学低段儿童挫折多发的心理原因

孩子进入小学后，很多父母发现孩子的情绪波动很大，并开始变得不自信。这除了学习或者人际关系方面的原因之外，还与这个年龄段孩子的心理特征密切相关。这时，孩子的自我意识开始发展，在生活中开始表现出反抗意识，但自身能力不足，对成人的情感依附、行为支持需要依然强烈，具体表现为以下几个方面。

1. 缺乏认同感，经常会担忧

这个年龄段的孩子对于周围的世界充满了不确定感，觉得仿佛每个人都对他心存不善，会对他吹毛求疵。因此，在学校出现问题时，常会向父母描述受到同学的欺负与老师的不公平对待。他们总担心别人不喜欢自己，会为此闷闷不乐。他们会担心上学迟到，自己的作业老师不满意，最好的朋友不和自己玩了，自己的橡皮会被人拿走，甚至一个小小的伤口都会让他们担心自己受到了重伤。家长要有选择地听孩子的描述，了解其中的不实描述只是来自这个年龄段孩子的担心与想象。

2. 尚未完全脱离幼儿期的自我中心倾向，缺乏同理心

这个年龄段的孩子因为刚刚进入正式的集体生活，还没有完全脱离幼儿时期的自我中心倾向。他们有很多担心的事情，当事情没有完全按照他们期待发展的时候，会觉得自己"倒霉"。比如有个女生和妈妈抱怨老师对另一个女生更加偏爱，因为每天他们二人差不多时间到校，老师却一直让那个女生当晨读领读员。而实际上这个抱怨的女生并没有竞争领读岗位，而是竞争眼保健操检查员岗位，她想更换岗位，老师建议她下个学期再竞选。这一阶段的儿童缺乏同理心，因此很难客观地站在对方立场设身处地去思考，这导致他们总觉得身边的人在针对自己，或者老师更偏心其他同学，父母更偏心其他的兄弟姐妹。

3. 自控能力加强，但意志力不足

这个年龄段的孩子开始变得更有耐心听讲，很多孩子能够安静下来静静地读书，在老师的指导下，可以围绕问题进行小组讨论，愿意挑战一些有难度的问题。他们自我控制的意愿越来越强，这让他们很容易疲惫，产生挫折感。由于这个年龄段的孩子缺少成功经验，意志力往往不足，遇到困难很容易退缩、沮丧，所以家长需要给他们支持。家长要知道，孩子出现郁闷、烦恼、担忧都是正常现象，一定要沉得住气，没有必要过度焦虑。

（三）常见挫折类型

1. 学习上的挫折

小学低段儿童在学习的时候都要经历从不会到会的过程。那些在成人眼中非常简单的知识，对于孩子来说却困难重重。同时，因为这个年龄段的孩子注意力保持的时间比较短、识字量不多，没有建立起自己的学习方法，也没有养成良好的学习习惯，甚至很多孩子的手部小肌肉群发育得还不够成熟，控笔也不够灵活，所以在学习中没听懂、做不对、写不好、被老师批评都是特别正常的事情。哪怕是学习再优秀的孩子也会出现错误，而这些对孩子来说都是挫折，只是程度不同。

2. 人际交往的挫折

学校生活中经常会有同伴间的小摩擦。A 同学说的一个没有恶意的玩笑，到了 B 同学那里就成了侮辱性绰号；某个同学无意间的碰撞很可能导致被碰到的孩子不依不饶……这些在成人看来并不起眼的摩擦都会对这个阶段的孩子造成困扰。小学教师在班级管理中会用校纪班规要求学生，学生则必须学会自我控制与自我管理，在与同学、老师的互动过程中把握人际交往的尺度，这是一个不断学习、磨合的过程。

3. 集体生活中的受关注不足带来的挫折

每一个孩子都是家庭关注的中心，但在学校生活中，孩子只是集体中的一员，不可能受到家庭生活中那样多的关注。尽管现在学校倡导教师多元评价，但相对于学生的需求来说是远远不够的。尤其是每个学生的天赋不同、基础不同，成绩的高低、老师的表扬、特长的展示机会，这些相互比较难免会让孩子产生心理落差，从而感受到挫折。

有学者说过，挫折未必总是坏的，问题在于对待挫折的态度。对这个阶段的孩子来说，挫折并不可怕，关键是遭遇挫折后父母的态度与行为。学校生活中的各种挫折，家长都应当教孩子以积极的态度应对。

三、家庭教育指导要点

有人形象地将现在养尊处优的孩子比作温室里的花朵、大棚里的蔬菜，意为他们大多意志力薄弱，抗挫折能力不强。现实生活中有很多像案例中小帅妈妈那样的家长，没有意识到挫折教育的重要性。在家庭教育指导活动中，教师怎样指导家长培养孩子的抗挫折能力呢？

（一）辨别需要家长介入的挫折

小学低段儿童的年龄特征决定了他们稍有挫折就容易产生负面情绪，但其实其中绝大多数挫折孩子有力量自己解决，并不需要家长的介入。那么，家长如何判断哪些挫折需要介入呢？也许在外人眼中毫不起眼的小事，对有的孩子来说却非常严重而无法面对，需要父母根据平日对孩子的观察、孩子的需要以及孩子的抗挫折能力来确定。一般来说，事件的大小不是父母是否介入的标准，孩子的感受才是判断标准。通常在以下三种情况下需要家长介入。

1. 孩子的情绪体验强烈时

有一天，一年级的甜甜在上学时走到校门口就开始哭泣，无论如何也不想进去，任凭妈妈怎么劝都不行，最后还是班主任出来把她领进了学校。原来当天有美术课，上一节课她没有当堂完成作业，美术老师提醒她回家一定完成，回家后她忘得干干净净，在上学路上才突然想起来,因此怕被老师批评而不敢上学了。如果孩子出现像甜甜这种比较强烈的情绪并且维持时间比较长,那么父母需要引起重视,在必要时介入,给孩子提出合理化建议。

2. 孩子明确请求家长支持时

孩子遇到挫折以后,内心的感受只有自己知道,哪怕他只是一个七八岁的孩子。在孩子遇到挫折并和家长说的时候,父母可以直接问孩子:"需要我做什么吗?""要不要我帮忙?"将选择权交给孩子,当孩子明确表示需要介入时,家长就马上合理化介入。

3. 孩子行为表现有较显著变化时

无论哪种性格的孩子,在遇到挫折后都特别希望得到父母的尊重与认同。但有的孩子情绪比较内敛,也不太和父母聊学校的事情。这时候,需要对孩子进行更多的观察,当发现孩子情绪持续低落时就要引起重视,可以带孩子玩耍、吃饭散散心,找机会和孩子聊聊,以便了解是否有事情发生。

父母的倾听与陪伴是孩子消化挫折带来的消极体验的最好方式。父母应每天拿出一点时间倾听孩子诉说,允许孩子发泄负面情绪,在孩子表达过程中,眼睛尽量看着孩子,不时点头说"嗯",用行动来表示对孩子的重视。即使是孩子行为有问题,也不要急着解决问题,可以先尝试抱着孩子,抚摸孩子头部或者背部,安抚孩子的情绪。允许孩子难过、愤怒,不要害怕孩子的眼泪。适当地释放情绪,可以让孩子更加自如地管理自己的情绪。很多时候,当孩子情绪平复后,不用父母的介入,自己就能很好地对抗挫折。

(二)提高孩子的抗挫能力

1. 学会对孩子说"不"

来自家庭的小挫折也可以让孩子学到应对负性情绪的经验。对于孩子不合理的要求,父母要学会说"不"。这个"不"拒绝的是孩子的不合理要求,也给孩子的行为划出了清楚的边界。同时,要让孩子感受到,爸爸妈妈虽然拒绝了他的要求,但是依然爱他。所以"不"并不可怕。在拒绝孩子的过程中,父母一定要和孩子清楚地说出原因,表达对孩子的理解以及对于原则的坚持。

2. 共情与榜样示范

如何应对挫折,首先是共情。讲再多的道理,都不如亲身示范更有说服力,因为只有亲身体验才会感同身受,也就是共情。每一次和孩子一起经历挫折就是最好的共情。就像案例中,让小帅妈妈难过的不只是小帅没有选上体育委员,而是小帅的态度让她觉得自己的教育失败了。当父母都没有勇气面对挫折的时候,怎么能奢望孩子可以去积极面对呢?

其次,家长要做孩子的榜样。在案例中,班主任首先肯定妈妈在教养小帅时的成功经验,给小帅妈妈很大的鼓励;然后,指出问题、告知方法,小帅妈妈就更能接受并进行了自我反省,调整自己。小帅妈妈用"你的发言很棒"的鼓励给小帅赋能,让小帅拥有了对抗负性情绪的力量,自己慢慢走出来。这样引导孩子,比讲多少道理都更加有效。

此外,家长要做生活中的有心人,生活即教育,可以捕捉身边发生的小事和孩子谈感受,多给孩子鼓励和认可,让孩子更加勇敢地面对挑战。

3. 培养孩子自己解决问题的能力

经历挫折后的成功才能让儿童对挫折的消极影响免疫。小学阶段的孩子之所以会经常担心并陷入负性情绪,是因为他们年龄小,控制力弱。他们对于因果的判断非常不准确,很容易夸大一件事情的结果。比如,孩子没有完成课堂作业,有的孩子会对后果产生夸大的想象,因此说谎,甚至不敢上学。但是,只要他们向老师坦诚原因就会发现,一般情况下,老师只会让他们补上作业或者提醒以后要加快速度。那么,这个孩子就会知道,老师并不可怕,下次遇到类似事情,孩子就会主动地找老师寻求解决方法。案例中的小帅妈妈因为怕小帅被批评,遇到问题总是提前找老师认错,反而让小帅受不得一点失败。

4. 重视对努力过程的评价,淡化对结果的评价

孩子的成长需要成功经验的激励,但是小学阶段的儿童无论在学习能力还是生活技能方面都处于发展阶段。这时候,如果用做好、做对作为判断成功的标准,孩子往往会看不到成功的可能而一蹶不振。因此,一定要重视对孩子努力过程的评价。就像案例中的小帅,如果一味只看结果,孩子无疑是失败的。但是如果我们把目光放在孩子努力的过程上,就会看到小帅为竞选做的努力也是值得肯定的。这种对孩子努力过程的评价,会让孩子更加积极地面对生活中的挑战,面对困难的时候会将关注点放在自己的态度上。

5. 帮孩子树立起面对挫折的积极态度

针对学习方面的挫折,我们要给孩子指明学习的方向与当下的知识薄弱点。每一个错题都是宝贵的提醒,告诉孩子在这里你有地方没有学会,或者今天的课你没有听懂。挫折就是提醒,提醒老师与家长更加有针对性地帮助每一个孩子。

针对人际交往的挫折,要告诉孩子同伴交往的边界与规则。每个孩子都是带着家庭教育的烙印进入学校的,要想更好地融入群体,就必须在一次次挫折中学会妥协与包容。这是儿童社会化的至关重要的一课。集体生活带来的挫折,让孩子可以更好地认识自我,扬长避短并取长补短。

针对生活中的挫折,要让孩子认识到这是学习生活技能的契机。当挫折不可避免的时候,要让孩子看到挫折的积极意义,勇敢地直面挫折、拥抱挫折、挑战挫折,孩子才会更加茁壮地成长。

6. 强化意志力的培养

意志力是挑战困难、抵抗挫折的重要武器,但是意志力的培养说易行难,需要父母的坚持。父母可以和孩子一起从学习、生活或是劳动方面选择一个点来制定目标,从小事做起,坚持不懈地完成任务。体育锻炼是培养孩子意志力的有效途径,不仅能让孩子拥有健康的身体,还能培养他的意志力。

(三)家长注意事项

1. 要相信孩子的力量

孩子在成长中遇到的问题,就像人感冒发烧一样,除了外力的干预,最重要的还是要靠孩子自身的免疫力。每一个孩子都有着极为强大的精神力量,每一次的挫折都可以激发孩子情绪力量中的免疫力,从而发展出属于他自己的解决问题的方法。小帅的案例中,因为妈妈的过度保护,小帅没有机会学习如何处理挫折,更没有办法处理自己的负性情绪。妈妈放手后,小帅反而越来越阳光。所以,在孩子成长的过程中,父母要有放手让孩子受挫的勇气,不过多干涉,而是加强陪伴与情感、方法的支持。每个孩子都会找到属于自己的应对挫折的方法,成为解决自己的问题的专家。这样,每一次挫折都会成为成长机会。

2. 以发展的眼光看待孩子的问题

孩子在成长的过程中,会遇到各种各样的问题,这是特别正常的事情。小学阶段孩子的社会化才刚刚开始,他们无论是心智发展,还是情感发育,都很不成熟,在学校学习生活中会遇到各种各样的问题。很多时候,这既不是孩子的问题,也不是家长的问题,而是成长的问题。每一次孩子遇到问题,都是一次学习的机会。遇到问题不要慌张,家长要多听听孩子的需要,学习和孩子共同解决问题,切忌心态大变。孩子遭遇挫折后,父母越能放平心态,孩子就越会积极地寻找应对策略,快速驱散挫折带来的阴霾。

3. 挫折后要有心理建设以及行为改进指导

挫折本身不会让孩子成长,是孩子克服挫折的过程让孩子成长。所以,陪伴的过程非常重要。就像案例中的小帅妈妈,在小帅陷入情绪时,告诉小帅他主动参与竞选的行为很勇敢、他的演讲很出色等,给小帅以鼓励。挫折后的心理建设可以让受到挫折的孩子更加有力量、有勇气来应对未来的挑战。

五、教学参考

【活动目标】

1. 通过活动,帮助家长正确认识挫折的积极作用和消极作用。
2. 通过体验,家长掌握与孩子共同面对挫折的方法。

【活动时间】

40分钟。

【活动材料】

A4纸（每人一张），笔。

【活动方法】

活动体验、小组讨论、情景表演。

【活动过程】

1. 热身、活动导入。

（1）呈现有关对于挫折看法的调查问卷的数据。

（2）教师分析数据背后的家庭教育问题。

2. 结合案例觉察、反思。

（1）出示小帅案例引起共鸣。

（2）讨论：你的孩子在成长的过程中遇到过什么挫折？当孩子遇到挫折的时候，你的感受是什么？你是如何帮助孩子的？

3. 小组分享。

4. 情境再现。

选择在上一环节中比较典型的情境，家长分角色表演。表演后教师分别采访参加表演的家长的感受。

【活动提示】

1. 选择家长到现在都觉得没有解决的有情绪的情境。

2. 家长互助"头脑风暴"：对于上一位家长遇到的问题，你有什么好的解决方法？老师根据家长的分享，总结、提炼出方法。

学习能力培养篇

主题 8　寻找学习的动力

学习动力是儿童学习进步的推动力量。学习动力来源于多个方面，既有对学习内容的天然的好奇心，也有学习成绩带来的正向强化力量。本主题中，教师要带领家长认识学习动机的类型，学会激发和保持孩子学习动力的方法。

一、案例描述

晴晴8岁，读小学三年级，成绩还不错，但做作业就像受刑一样，总是不情不愿。晴晴妈妈非常着急。

有一天，晴晴妈妈下班回家，问女儿作业是否已完成，晴晴毫不迟疑地回答已完成。吃过晚饭，晴晴妈妈要检查晴晴的作业，她却一直寻找各种理由，不肯拿出作业本。晴晴妈妈感觉她在撒谎，于是翻看孩子的书包。直到此时，晴晴才承认自己没写作业。

不仅不做作业，而且还撒谎，晴晴妈妈努力地压制住怒火，劝说她赶快把作业补上。想到晴晴的将来，妈妈又语重心长地告诉她，自己辛苦打拼，全是为了她和她的将来。晴晴听后什么也没有说就去写作业了。

这次事情后，晴晴妈妈很认真地和晴晴聊了一次，希望她改掉不写作业的坏毛病，能按时完成作业。从那之后，晴晴每天放学回来，都会在书桌前坐着学习到晚上十点，这让妈妈欣喜于孩子的懂事，同时又担忧她的身体。

最近有一天，晴晴早上不起床，说肚子疼。妈妈以为她生病了，就向老师请假，带她去看病。各种检查做完后，医生也查不出晴晴身体到底有什么毛病，只是说可能是肠痉挛，开点舒缓肠胃的药就回家了。可两天后，晴晴又是如此。几次折腾后，妈妈发现，如果前天晚上晴晴做作业的速度很慢，那她第二天早上通常会肚子疼。但在家折腾一个多小时，过了上学的时间，她就不疼了。妈妈明白了，孩子肯定是没有做完作业，怕老师批评她，找借口不去上学。妈妈一直想引导孩子慢慢调整，但有时气不打一处来，也会因为孩子写作业磨蹭而感到非常崩溃。

在晴晴看来，做作业是一件非常困难的事，是一种负担。为了逃避这个负担，她不惜装病。妈妈不知道到底应该怎样做才能让她认识到做作业是学生的本分，每个学生都该自觉完成。

班主任也注意到了这个情况，因为晴晴睡眠时间严重不足，上课期间会不时打瞌睡，所以很难集中注意力；在被问到理想时，晴晴毫无波澜地说，没有理想。班主任觉得非常不可思议。

此后，班主任又和家长进行沟通，得知妈妈对于女儿的学习十分在意，一直是高标准、严要求，很少对孩子展露笑脸，也不太夸奖孩子，每次说的都是"你应该这么做"或是"你得这样才对"。幸亏孩子一直比较听话，不太会和母亲顶嘴，这才没有造成更大的"事故"发生。

二、案例分析

案例中，晴晴妈妈十分关注孩子的学习成绩，面对孩子的各种状况，虽然焦头烂额，但还是努力想各种办法让孩子好好学习。从撒谎到装病不去上学，孩子出现这些行为的根本原因是学习动机的问题。

学习动机是一种直接推动学生学习的内部动力，包括孩子对自身学习能力的认知、对学习活动的兴趣、对知识的价值认识以及对学习成绩的归因。其中，对知识的价值认知水平较高，觉得所学知识对自己今后的成长与发展有价值、有意义，孩子就会有较强的学习动力；对自身学习能力的认可程度较高，对学习充满信心，"自我效能感"较强，孩子学习动力就会比较足；学习兴趣高是指孩子在学习过程中感觉到了快乐、欣喜和满足，认为学习是一件让人愉快的事，就会有较强的学习动力；成绩归因则是指孩子对学习好坏原因的主观分析，认为学习成绩的好坏主要取决于自己主观努力的孩子会有较强的学习动力。

一直以来，大多数的家长认为，培养和激发孩子的学习动机与家长关系不大，是学校老师的事情。因此，当孩子学习成绩不理想时，多数家长并不是从自身找原因，而是把责任归咎于学校或者教师的教育能力和水平。近年来，随着教育理念的普及，人们对教育的重视程度逐步提高，越来越多的家长认识到家庭教育对孩子身心发展的重要性，但在一些具体的做法上很多家长还是感觉心有余而力不足。

（一）家庭教育对孩子学习动机的影响

很多调查研究的结果表明，家庭教育对激发和培养学生学习动机有着重要的影响作用。当下，家长们都有望子成龙、望女成凤的教育期盼，但不良的养育方式可能会影响孩子形成正确的学习动机。有的家长在日常生活中对孩子过于溺爱，导致这些孩子在学习过程中自控能力较差，缺乏自主能力；有的家长则对孩子寄予过高的期望，过于严厉地要求孩子达到相应的目标,导致孩子学习压力大,为达到目标心烦意乱,注意力分散,逐渐厌烦学习,缺乏学习的内驱力。

因此,家长要改变家庭教育方式,多陪伴孩子,多关注孩子身心的健康发展,发挥家庭教育的核心作用,改善家庭关系,提高孩子学习动机,让孩子心情愉悦、轻松高效地学习。

(二)影响孩子学习动机的心理原因

学校中哪些因素会对小学低段儿童的学习动机产生影响呢?在认知教育心理学家奥苏贝尔看来,学校情境中的内部动机主要由认知内驱力、自我提高的内驱力和附属内驱力三方面组成。

1. 认知内驱力

家长应该以行为年龄作为孩子是否与所在年级适应的衡量标准,因此,只有关注孩子的个性差异,家长才能更好地给孩子内心不断注入能量,帮助孩子增强学习动力。

所谓认知内驱力,就是指学生渴望认知、理解和掌握知识,并运用所学知识陈述和解决问题的倾向,它大都是受学习任务本身驱动的。简而言之,它就是一种求知的需要。这个年龄段的孩子,想要好好学习的心理倾向最初都是潜在的动机因素,如何转化成为实际的动机因素,一方面是好好学习,未来可能就会得到预想中的满意的结果;另一方面是家庭和社会中有关人士影响的结果。

案例中,晴晴的认知内驱力不足,就是没有求知的强烈需要。而动机是引发孩子认知学习的原因,家长的职责是帮助孩子从认知方面对所学内容产生兴趣,最好的办法是让孩子的认知结构与新的学习内容之间有适当的距离,让孩子有主动学习的愿望,养成主动学习的习惯,这样对认知内驱力的养成最为有效。但如果某些孩子在该阶段尚无学习动机,家长则需要帮助孩子生发出有意义地学习的愿望,使其体会学习带来的乐趣,在学习中得到满足。在这种思想的引导下,孩子就会逐渐培养出学习动机,自觉、主动地进行学习。

2. 自我提高的内驱力

这个年龄段的孩子,从适应入学到阅读能力、计算能力的提升,有的越来越自信,而有的却一直在克服困难与挑战。那应该怎样激发孩子自我提高的内驱力呢?自我提高的内驱力是一种通过自身努力,为胜任一定的工作、取得一定的成就,从而赢得一定的社会地位而产生的外部动机。也就是说,孩子有了一定的目标后,为取得理想的成绩和提高相应的能力而产生的努力学习的行为,就是自我提高的内驱力,属于外部动机。

要想使自我提高的内驱力成为鞭策小学低段孩子持续学习、努力奋斗的长久力量,就要在日常学习生活中,将自我提高内驱力指向孩子心目中的远大志向或与孩子长期的奋斗目标相结合,才能使这一内驱力持续为孩子的学习续航。因此,家长应有意识地培养孩子从小树立崇高的理想,对未来的发展方向有明确的目标,这是激发孩子自我提高的内驱力的有效措施。

案例中,晴晴既没有远大的理想,也没有长期的奋斗目标,只是单纯地认为学习是日复一日的简单重复,过好眼下即可,这最终导致了自我提高内驱力的低下。

3. 附属内驱力

附属内驱力是指个人为了赢得家长和老师的赞许和认可而表现出来的一种把学习或工作做好的需要。

附属内驱力随着儿童年龄的增长和独立性的增强,不仅在强度上有所减弱,而且内驱力的附属对象也从家长和老师转移到同伴身上,因而有着比较明显的年龄特征。在年龄较小的儿童身上,附属内驱力是成就动机的主要成分。在青少年时期,来自同伴的赞许和认可是促使学生主动学习的一个强有力的动机因素。

案例中,晴晴在第一次写完作业后,刘女士并没有进行赞许和认可,所以,教师要引导家长通过合理奖赏、及时反馈、多鼓励少批评、适度竞争等方式培养和激发孩子的学习动机;另一方面,家长在日常生活中要有意识地调动孩子自主学习的主动性和积极性,培养孩子的求知欲和学习兴趣,引导孩子学习,养成主动学习的习惯,增强自我效能感,促使其学习动机由外部动机向内部动机转换。

对小学低段的孩子,家长的教育需要让孩子从心底里认可。家庭要有目的、有意识地把孩子的动机从附属的内驱力逐渐转向认知的内驱力和自我提高的内驱力。这才是我们所要努力达到的教育效果。

(三) 学习动机与压力的关系

在一定范围内,学习动机越强,学生对学习活动的积极性就越高,学习效果也越佳。

学习动机对学习效果的影响,并不完全呈现出正相关的关系。有时随着学习动机的增强,学习效果反而下降,例如,有些孩子想得满分的动机过于强烈,只注重眼前的试卷,而忽视了心理素质的培养,结果一进考场便因情绪紧张而影响发挥,平时非常熟悉的问题这时也答不出来。当然,如果孩子对学习成绩抱有无所谓的态度,缺乏一定的学习动机,也肯定是学不好的。

要使这一阶段孩子的学习最有成效,就要使学习成绩达到能力范围的最优化,避免过高或过低的动机。只有学习动机的强度处于最佳发展水平时,才能取得最理想的成绩。

在比较困难的任务中,学习效率会随着学习动机的增强,呈现出随之下降的趋势;当动机强度处于中等偏低的水平时,学习效率最好;在比较容易的任务中,学习效率会随着学习动机的增强呈现出随之上升的趋势,当动机强度处于中等偏高的水平时,学习效率最好。在中等难度的任务中,学习动机水平为中等时,学习效果最好。随着任务难度的不断增大,动机的最佳水平呈现出随之下降的趋势,心理学上称这一现象为"耶克斯—多德森定律"。

案例中的晴晴学习成绩还不错,因此写作业对她来说应该是一个相对简单的任务,所以要想提高学习效率,就势必要有较强的学习动力。可是恰恰相反,晴晴不仅写作业"像受刑一样",还撒谎甚至利用装病的行为来达到不写作业的目的,这正是学习动机比较弱的表现。因为学习动机不足,所以她觉得写作业是种负担,就会想各种办法来逃避这种负担。

(四)现有学习动机不足的原因分析

1. 从个人的发展来说

教育不是流水线,受教育的人也不是工厂的样品。这就要求教师在教书育人的过程中,要根据不同学生的特点,有针对性地对学生的学习情况展开分析,努力做到"一把钥匙开一把锁"。违背教育本质的教育让本身快乐自然的学习变成了孩子的负担,孩子体验到的就会是学习的痛苦。

2. 社会、学校大环境的影响

"双减"之前,孩子作业量大,根据成绩排名次,在学校,老师抓得紧,回到家父母还会额外布置一些其他的作业,导致有相当一部分小学阶段的孩子有厌学心理,在学习中体会不到快乐。只要学习好,长大就会有好工作,有较高的社会地位,这种目标对小学阶段的孩子来说太过遥远,无法形成自我提高的内驱力。在学校里,三年级的孩子喜欢和比自己小的同学一起玩耍,功课负担开始加重,让他们感觉学习压力变大。因此,部分学生会产生抵触学习甚至讨厌学习的消极情绪。

3. 家庭环境的影响

学生学习动力深受家庭环境因素的影响。随着课业负担的加重,二三年级的孩子在家更愿意通过抱怨等方式来缓解学习产生的心理负担。有的家长业余时间玩手机、看电视等,对孩子的关注时间极其有限,使得整个家庭缺乏一种有利于孩子学习的氛围。孩子在家庭中得不到认可,附属内驱力不足。

案例中的晴晴被贴上了懒惰的标签,她觉得改不了,所以把自己不能完成的任务合理化为自己懒。这种思维方式需要不断地引导,不断进行认知行为训练来一步步调整。

三、家庭教育指导要点

(一)家庭教育误区

(1)高压下的高强度的外部动机。孩子为自己制定过高目标,达不到目标时反而会损害学习动力。

（2）较低的容错率。在小学低段，由于知识简单，父母会对孩子的错误不理解，这样极易挫伤孩子的积极性，引起学习动机问题。

（3）放任式的家庭教养方式。孩子在学习中一遇到困难就选择放弃，而家长也不加干涉。

（4）父母没有把握好激励的内容与程度，常常用物质来奖励孩子的进步。久而久之，让学生失去了对学习的正确意义的认知，认为学习就是为了获得父母的奖励。再者，家长对于学生的每一次优秀表现都给予奖励，而不去分辨哪些是孩子原本就能做到的，哪些又是孩子通过努力获得的。

（二）学习动机的培养与维持

1. 给予孩子适当、及时的激励，逐步培养学习兴趣

这个年龄阶段的孩子，会在一次又一次的挫败感中，形成习得性无助——这是孩子将自己的所学知识运用到相应领域后，面对一种不可控情境时形成的无论怎样努力也无法改变事情结果的不可控认知，继而导致放弃努力的一种心理状态。所以，在孩子成长的过程中，适当、及时的激励是很有必要的，这能让孩子受到挫败时感到一丝温暖和安慰。

家长要通过培养孩子的自信来促进学习，这二者相辅相成、互相促进。自信心促进学习，学习中的成功体验又反过来增强了孩子学习的自信心。当孩子得到家长的支持和肯定，在学习中不断享受到成功的体验时，就会增强学习热情，内化学习需求，形成积极进取的内部动力，从而对学习产生积极的影响。

育人如同种植农作物，要循序渐进、因材施教，切忌揠苗助长，急于求成。家长要根据孩子的个性特点，学会有针对性地引导孩子，由简到难，由全程陪伴到逐步放手。应根据孩子现阶段的身心发展水平培养孩子的兴趣，不能违反孩子成长的自然规律，要由浅入深、循循善诱。在这个过程中，要看见孩子的提升，适度赞扬与激励；同时也要让孩子感受到自己的提升，例如，把孩子每个阶段的作品保留下来，让孩子自己看一看、听一听，自己比较，体验提升；可以让孩子给家长或者其他小朋友当小教师，推动其兴趣的发展；适时选择时机，给孩子创造一个展现自我的机会。家长在培养孩子兴趣的过程中，要注意维护孩子的自尊心，增强孩子的自信心。

2. 帮助孩子设定阶段性目标，并监督执行

如果孩子原来的学习目标未完成，就会产生一种学习的挫败感。此时，教师就要指导家长帮助孩子学会调整目标。首先，调整目标的高低。在学习目标的制定上，要综合考虑孩子自身水平，这样制定的学习目标才会有助于学习动机的培养和提高。孩子面对过低的目标时，即使达到该目标，也感受不到成功所带来的喜悦，相反会觉得无

趣;如果目标过高,超出了孩子现阶段已有的能力范围,孩子会感觉难度太大,无法完成就半途而废,甚至产生焦虑感或挫败感。其次,帮助孩子明确学习目标,学习起来觉得有意义,学习动机就提高了。

相较于他人设定的目标,孩子通常会为自己设定的目标付出更多的努力,因为这一目标是自己所认可的,也是他们认为自己力所能及的。因此,教师可以告诉家长,在设定一个目标时,家长可以与孩子讨论过去设定的目标实现的情况,然后为下一个阶段设定一个新的目标。比如,让孩子参照此次考试,对下次考试想要得到的分数做出预期。家长要帮助孩子设定一个既具有挑战性又有现实性的目标,并鼓励孩子。

此外,目标按时间长短可分为长期目标和短期目标,小学阶段长期目标一般由家长制定,而短期目标则需要家长和孩子齐心协力,共同制定。

短期目标的制定,难度应与孩子自身能力相匹配。另外,目标要可量化,例如,每天背诵几首古诗,练习几道数学题。过程中应及时制定奖惩措施,孩子能获得掌控学习的自主感。

经过多个短期目标的积累,才能实现最终目标,即长期目标。在这一过程中,需要家长引导孩子对自己的兴趣、能力、价值观等进行综合分析,确定最佳的目标方案。要提高孩子学习的自主性,让孩子感到现阶段的学习是为自己的未来而学、为实现自己的梦想而学,从而产生努力学习的动机,取得良好的成绩。

3. 以宽容、理解、尊重替代批评

没有孩子不想成绩优秀。学习不好可能是能力、基础、方法态度等方面存在问题,家长要帮助孩子找到问题的症结,提供支持和帮助。

小学低段是适应期,不应该操之过急,要用宽容的态度对待孩子的错误,以发展的眼光看待孩子的不足。不要以成人的想法来思考孩子的问题,应该给予孩子更多的理解和尊重。

面对教师对孩子的反馈,家长要进行心态调适,理解教师和家长沟通的目的在于家校联合,以促进孩子身心健康发展,帮助孩子做更好的自己,而不是单纯地告状或是批评孩子,也不是不喜欢孩子。所以,父母与老师沟通时要摆正心态,以帮助孩子纠正错误、达成进步为目的,既不把矛头指向教师,也不把怒火转移给孩子。

4. 归因训练

教师应指导家长改变孩子不正确的归因,提高学习动机。可以从以下两方面入手。

一是"努力归因",将自己的成败归因于是否努力,会鼓励孩子尽最大的努力去学习,提高学习的积极性。因此,当学习出现困难或成绩不佳时,孩子也不会对将来没有信心。要帮助孩子了解自己的优势和劣势,并为他们制定切实可行的目标。在这一过程中,让孩子认识到自己现阶段的失败与能力无关,而是由于努力程度不够。

二是"现实归因",家长需要引导孩子针对一些学习生活中的具体问题进行现实归

因。让孩子意识到努力并不是影响学习成绩的唯一因素，智力、学习方法、家庭环境等因素也会对自身的学习成绩产生重要影响。因此，想要增强孩子的自信心以及增加其克服困难的勇气，需要引导孩子深入分析这些因素对学习成绩的影响程度，针对影响因素的不同找到解决这些问题的方法和策略。这种归因训练既强调了努力的重要意义，又联系了现实因素。家长应指导孩子对成功或失败做出积极的归因，有时候积极归因要比正确归因重要，尤其是对学困生而言。

家长要正确引导和评价孩子的成败，因为当孩子将成功归因于能力、努力等内部因素时，自信心和动机水平会得到增强。要通过训练让孩子相信，努力就会成功，孩子就会克服遇到的困难，自主地进行学习。让孩子体验到成功是因为努力学习，并引导孩子进行积极的归因，让孩子明确努力学习和采用正确的学习方法的重要意义。归因训练决定了将来遇到困难时孩子会以何种态度应对，因此非常重要。

（三）培养孩子自主学习能力的策略

1. 帮助孩子制订学习计划

科学的计划能够推动事物顺利发展，学习也不例外。如果制订科学准确的学习计划，并按照计划一步步执行，不仅会降低学习的难度，而且会产生事半功倍的效果。但是大多数孩子都缺乏制订学习计划的意识，大多选择随波逐流，缺乏主动性，最终导致学习成绩得不到提升，自主学习能力也得不到有效的培养。因此，帮助孩子制订合理有效的学习计划非常重要。

2. 监督孩子完成日常复习、预习

在日常生活中，家长要给予孩子正确的引导，监督孩子完成家庭作业，对已学课程进行自主复习，对未学课程进行自主预习，帮助孩子养成良好的学习习惯，促进学习效率的提升。要帮助学生巩固所学知识，在巩固的过程中对知识产生新的理解和体会，同时，让孩子对当天所学进行回顾反思，可以达到闻一知十、举一反三的效果；主动思考和积极探究学习中遇到的问题，有助于培养学生自主学习的能力。预习可以让孩子在思考、分析的基础上学习解决新问题的方法，培养孩子的思维能力。

可以采用带有激励性的外部手段（赞扬、评分、奖赏、竞赛等），激发孩子的学习动机，从而引起相应的学习行为。对孩子的学习评价特别是学习成果的评价要客观、公正，多表扬、少批评，有针对性地给予鼓励，激发其学习动机，调动其学习的积极性。通过这些措施，能够有效提升孩子的自主学习能力。

3. 安排孩子独立完成学习任务

学习任务的难度会影响孩子学习的积极性，在孩子面对较难或者较复杂的学习任务时，家长要知道，小学低段儿童对任务难易程度的接受能力受年龄影响，也因个性差异而不同。孩子面对有趣、简单的任务时，主动完成的积极性就高，反之，则会抵触逃

避。所以,家长在智慧地引导孩子独立完成学习任务时,要通过"帮、扶、放"的策略与方法,遵循由易到难的原则。让孩子在完成简单任务的快乐体验中逐步养成习惯,再增加任务难度,这样孩子既会觉得有挑战性,希望完成,又能在有难度的任务中获得成就感,形成良性循环。

在这一过程中,家长可以主动地去帮助孩子,适时引导,这样有利于孩子养成制订学习计划的习惯。同时,家长也需要引导孩子自己做决定,并学会自主安排自己的学习和生活。家长可以和孩子共同制作一份详细的学习任务清单,督促孩子按照计划实施每个步骤。

4. 表扬努力过程而不表扬结果,表扬成长而不是表现

要使孩子感到学习的过程比结果更重要,需要家长在表扬孩子的过程中,注重对努力过程的表扬,而不是表扬结果。比如,孩子做完数学题,家长如果说"你这次全对,一道题都没有错",那之后,孩子就会过于在乎分数,学习的重点也就不在数学本身的趣味性上了,而是放到了"不能出错"这个点上,渐渐地就会害怕出错,逃避挑战。所以,家长应该说:"今天的数学作业全部都做对了,比上次进步很多,是因为认真审题了,对吗?"这样不仅培养了孩子对数学的兴趣,还将其注意力放在了努力的过程上。

同时,家长要表扬成长而不是表现,孩子才能勇敢地迎接更大的挑战。要表扬孩子的进步和成长,而不是某一次任务中的分数或表现。比如,孩子做数学作业,有个知识点没有掌握,总是出错,家长跟孩子一起分析错误的原因,并找出问题所在之后,孩子全部做对了。这时候家长要告诉孩子:"你比上次有进步,之前有两道题出错,这次竟然把这些漏洞都补上了。"这样把孩子的注意力转移到了进步上面,使其意识到进步的重要性,下一次也就更有信心去迎接更高的挑战,从而获得更大的进步。想要孩子自发地努力学习,需要让孩子感到自己有独立完成学习任务的能力。因此,家长要注重对孩子自我效能感的培养,让孩子看到自己的进步,相信自己能够实现目标,并愿意为此而努力。家长在培养过程中,要选择难度适中的任务,引导孩子通过努力获得成功,或从与孩子水平相当的同龄人、熟悉的人的成功经验中,增强孩子的自我效能感,树立其学习的信心。

5. 用鼓励引导孩子自主学习

家长要培养孩子的自信心,让孩子相信自己有做好事情的能力。此外,要多和孩子聊天、唱歌、阅读等,加强亲子间的交流和沟通,及时发现孩子心理和行为的变化,增进亲子感情。

首先,家长要发现孩子的兴趣点,尊重孩子的兴趣,运用智慧不断加以引导和鼓励,使孩子把重点转移到学习上来。其次,要平等地对待孩子,不讽刺挖苦,也不和别的孩子比较。然后,理性激发,而不是强制性约束,知道学习的孩子,家长不说也会认真学习;对于玩心还太重的孩子,说也没用。有的家长为了保证孩子的学习时间,不让

其看电视、玩电脑,其实孩子心思并没用在学习上,还不如和孩子商量,什么时候玩,什么时候学,效果反而要比强制性约束更好。最后,要善于运用表扬激励机制,孩子有一点进步,家长都要看在眼里,特别是对那种需要得到认可的孩子,不失时机地表扬和鼓励会激发增加他们的信心。

教师在教知识的同时,更应重视学生自主学习能力的培养。家长应加强学习以提高自身素质,关注孩子的身心健康,配合学校、教师营造良好的家庭学习环境,提升孩子自主学习能力,激发孩子学习内驱力,为其自主学习建立支持系统。

(五)需要注意的原则

培养孩子的学习动机应该是家庭教育的一部分,家长在和孩子相处的过程中应注意以下原则。

1. 先满足孩子的缺失性动机

孩子之间的个体差异不仅表现为智力水平的高低,孩子在生理、安全、归属、爱以及尊重等各方面的需要,也同样存在着很大的个体差异。只有先满足孩子的缺失性动机,才能培养孩子产生以求知需要为基础的学习动机。因此,先满足孩子的缺失性动机是必要的。

2. 让成功体验成为进步的动力

学习动机是追求成功的内在动力。假如追求成功的努力屡屡受挫,学习动机自然也难以维持。因此,必须针对孩子的个性差异,帮助其获得成功的体验,使其在努力之后获得满足,从而肯定自己的价值。因此,应重视孩子的个人进步,尤其在对待孩子的成绩时,要以进步作为成功的指标,而不是与其他孩子比较。案例中,如果晴晴及时完成或是提前完成作业时,家长给予及时的正向反馈,让孩子享受进步的愉悦,或许就不会出现这样的问题。

3. 利用反馈激发士气

家长对孩子的学习行为进行及时而有效的反馈,对孩子以后的学习动机有很大的影响。无论是正面的认可或赞许,还是负面的训斥或批评,孩子都会依据家长的这些反馈对自己的学习成果进行归因分析,并对自己以后的行为形成一种预期。根据家长的反馈,如果孩子预期自己会失败,那么他在以后的学习中稍遇困难,就会立即选择退缩或放弃;如果预期自己会成功,他就会坚持不懈地努力,直到达到他所期望的结果为止。这是需要提醒家长注意的。

4. 家长做好陪伴

小学低段孩子不仅学习主动性和积极性不够,而且还不能正确理解学习的重要性。当孩子不能端正学习态度、没有时间观念的时候,家长必须陪伴孩子,帮助孩子建立良好的学习习惯和学习方法。

在孩子学习的过程中,家长应努力给孩子创造一个良好的外部学习环境。一个安静的、整洁的学习环境对于孩子的学习至关重要。家长应提醒孩子准备好学习用品,分类摆放,并及时了解孩子的学习情况;检查孩子作业、错题本、笔记本,帮助孩子养成好习惯,包括端正坐姿、保持标准的握笔姿势、抓紧时间学习等;培养孩子养成及时复习和预习、主动检查作业的良好的学习习惯;帮助孩子做好时间管理,制订学习计划,并督促孩子严格执行,养成自律的品质和干净整洁的习惯。完成作业后,自觉整理好学习用品,承担力所能及的家务劳动。此外,家长要做孩子的榜样,并对孩子有足够的耐心和信心。

家长在陪伴孩子的过程中应注意,不要在孩子学习时玩手机;不要间歇性催促孩子学习;不要把自己的焦虑暴露给孩子;不要在孩子面前大吼大叫;不要包揽或干涉孩子的作业;不要在孩子学习时让他们吃东西;不要帮助孩子检查和纠错;不要把自己的孩子跟别人家的孩子做比较;不要在孩子学习时大声接电话。要学会正确陪伴孩子学习,以身作则,真正做到高质量、高效率地陪伴。

家长在陪伴孩子写作业的过程中,一定要方法正确,做到有效陪伴。首先,孩子接受新的知识和事物,需要一个消化的过程,家长要学会等待,给孩子思考的时间。其次,家长切忌越俎代庖,要培养孩子养成良好的自主检查作业的习惯,培养学生的自主意识,学会自主学习。再次,要学会制订学习计划,提高学习效率。针对作业量及难度对作业用时做出合理预估,做到心中有数。要允许孩子有放松的时间,不要管理过于严格,短暂的放松有利于孩子头脑清醒,适当的放松有利于思路的梳理。最后,要让孩子独立思考,切忌因着急而主动地帮助孩子,或者对孩子大吼大叫,生气地将答案直接告诉孩子。正确引领才能助力孩子的学习,科学陪伴才能助力孩子健康成长。

5. 让孩子按照自己的节奏学习,逐渐提高要求

小学低段儿童在学习上有自己的节奏,家长要有耐心,等待孩子慢慢提高自身的能力和灵活性。对于每日学习安排,家长也应该充分尊重孩子,避免疲劳战术。

每个孩子都有自己独到的思想和见解,在学习过程中会根据思维习惯的不同,选择适合自己的学习方法。比如,学习数学加法时,有的孩子习惯于从大的数字接着往下数数,有的孩子则喜欢从直观的学具中数,不管哪种方法,孩子最终掌握了知识点就行。

家长要学会接纳,让孩子感受到自己足够好,有能力做他们想做的事情。家长看到好的资源便按捺不住想提供给孩子,有时候作用会恰到好处,有时候就难免过了火候。家长要在孩子的不同经历中协助孩子,让他体验到自己足够好,别人也足够好,这个世界对他都是友善的,家长适时地提出高一点的要求,孩子就会慢慢地做到。

四、教学参考

【活动目标】

1. 指导家长了解学习动力的含义及分类。
2. 帮助家长了解学习动力与学习效率之间的相关性。
3. 引导家长学会激发孩子学习动力的方法。

【活动时间】

40分钟。

【活动材料】

阅读材料、模型小汽车、模拟表演道具、A4纸、弹簧。

【活动方法】

小组讨论、合作表演、绘画表达。

【活动过程】

1. 每组家长比赛怎样让小汽车跑得远,引发思考:孩子的学习动力如何产生?
2. 阅读案例资料,对自己的教育理念进行反思。根据自身经验交流如何激发孩子的学习动力。
3. 小组轮流按压弹簧,交流感受,联想压力与学习的关系。
4. 谈收获,运用所学与体会进行模拟亲子互动情景表演。

【活动提示】

在活动中围绕以下问题进行充分讨论。

1. 案例中孩子出现的问题是什么?原因是什么?家长应该如何做?
2. 如何激发孩子的学习动力?
3. 怎样避免在家庭教育中出现类似的问题,帮助孩子提升学习动力?
4. 怎样运用学习动机理论培养孩子的自主学习能力?

主题 9　培养孩子的专注力

专注力是与学生学业成绩密切相关的能力之一,可随着年龄增长而逐渐发展。影响专注力的因素很多,但专注力可以通过相关的训练来提升。如果家长发现孩子的学习障碍不是来自知识掌握和学习态度,那么往往就是因为专注力出现了问题。本主题中,教师要帮助家长了解哪些因素会影响专注力,并教给家长一些常用的训练方法,不断提高孩子的专注力。

一、案例描述

骏骏今年8岁,三年级,在学习上存在很多问题:课堂上坐不住,听讲时经常走神;课下写作业要么空着很多题不做,要么随便写上一个答案;平时各科小测试经常不达标等。为此,班主任经常联系家长,反映情况。各科老师对他都很头疼,多次提醒也不见效。家长也十分苦恼,打也打过,骂也骂过,孩子的情况就是没有改观。一边是繁忙的工作,一边是老出状况的孩子,家长非常苦恼。

课堂上,骏骏小动作很多,总不能认真听讲。一次语文课堂测试,同学们都在聚精会神地答题,教室里只听见"沙沙沙"的写字声。王老师看见骏骏右手拿着钢笔,左手托着腮盯着窗外出神,原来是一只白色的小蝴蝶在窗外飞来飞去。王老师悄悄走过去,发现蝴蝶已经飞远了,骏骏却还在看。王老师轻轻拍了拍骏骏的肩膀,他才赶紧坐好,开始做题。没过几分钟,王老师发现他又弯腰在桌洞里找东西,问他找什么,他说钢笔不出水,在找另一支,还没找到。王老师找了一支笔给他,转了一圈回来,却发现他正在盯着试卷发呆。老师问他为什么不做题,骏骏不好意思地说自己有几个道题不会做,再想想。然而这篇课文他前天就背过了。就这样,交卷时,别的同学都做完了,他还剩好几道题没做。课间,王老师问他考场上不认真答题的原因,他说,偶然发现了那只漂亮的蝴蝶,就想到公园里一定有很多漂亮的蝴蝶,周末想让妈妈带他到公园玩。王老师看着天真的骏骏,无奈地摇了摇头。

在家里写作业时,骏骏不是说拿错了书,就是说作业本找不到,要不就直接站起来到处乱转,总也静不下来。

一天下午放学刚进家门,骏骏就跑进厨房嚷道:"妈妈,老师表扬我今天上课听讲认真,让我回家好好做作业。"妈妈听完特别欣慰,要给骏骏做他爱吃的糖醋里脊以示鼓励。过了一会儿,妈妈不放心,出来发现骏骏正在玩橡皮泥,于是大失所望,厉声责备,骏骏急忙解释说自己在准备明天美术课的用具。饭做好后,妈妈来叫骏骏吃饭,一推门,"吧嗒"一声,一本漫画书掉在了地上。骏骏晚饭前的表现,丝毫没让妈妈看到一点进步,辛苦忙活大半天的妈妈火冒三丈。没办法,吃完饭后,妈妈只好像往日一样,陪在骏骏身边,全程看着他写作业。

骏骏父母平时工作较忙,没时间带孩子。上小学前,孩子大部分时间跟爷爷奶奶一起度过。老人溺爱孩子,无原则地满足孩子的要求,又把孩子看得很紧,孩子失去了很多外出玩耍的机会,经常跟爷爷奶奶一起看电视。爷爷奶奶心疼孙子,一直以来,穿衣、吃饭、收拾书包、整理床铺等都是爷爷奶奶替他打理,导致孩子的自我管理能力和专注力都很差。刚上一年级时,骏骏的表现还是不错的,在学校很开心,可到了一年级下学期,开始出现写作业拖沓的现象。上二年级后,骏骏其他方面都很好,开朗、懂事、有礼貌,就是上课不认真听讲,作业也不能及时完成。情急之下,家长带孩子去了心理门诊,医生说孩子有轻微的多动症,建议吃药。家长尝试了很多办法,如将他送到托管班学习,但都没有很好地解决问题。其实,从骏骏的种种表现来看,主要问题还是专注力不够。

二、案例分析

很多家长常常抱怨孩子做作业精力不集中,一边做,一边手里玩小玩具;有时没写几分钟,就出来喝水;有时写着这科作业,却去翻找其他的书,总是不能静下心来专注地写作业,学习成绩很不理想。不仅写作业不专注,就是看书也不专注,随便翻几下就看不下去,去干别的事了;无论做什么事,都是三分钟热度,持续做一件事情的时间短,做事总是有头无尾、心不在焉。这些都是孩子专注力不稳定、不持久、不集中的日常行为表现。

(一) 什么是专注力

专注力是指人的心理活动指向和集中于某种事物的能力。

专注力是孩子学习和生活必备的基本能力,专注力的程度影响孩子的认知和情感等的发展。孩子的专注力受遗传、环境及教育等各种因素的影响,应引起家长的高度重视。

（二）专注力品质

专注力品质一般表现在以下五个方面。

1. 注意力的集中性

注意力的集中性是指对某种事物或者某项活动聚精会神即专注的程度。当我们把注意力集中到某一事物上的时候，这一事物就会在大脑中清晰浮现，而对周围其他事物的印象则会模糊不清，或直接忽略而没有印象。案例中，骏骏对学习不专心，经常开小差，就是注意力不集中的行为表现。

2. 专注力的稳定性

专注力的稳定性是指注意力集中时间的长短，它是专注力最重要的品质。案例中，骏骏很难在较长时间内专注地做一件事情，所以在写作业时一会儿玩橡皮泥，一会儿看漫画书，这就是专注力稳定性比较差的表现。

3. 专注力的范围，即专注力的广度

专注力的范围是指在同一时间内能注意到的对象的数量，它是儿童学习速度的保证。儿童收集和整理信息能力的强弱就是专注力的广度，专注力范围越广，观察就会越仔细，同时关注到的信息就越多，理解越透彻，学习效率也就越高。比如，孩子经常有漏听、理解有误以及看错题、抄错数、写错字等表现，家长认为这些都是孩子粗心大意造成的，其实是其专注力的广度受限引起的。

4. 专注力的分配

专注力的分配是指在同一时间，专注力指向不同的对象，同时从事几种不同活动的现象。小学生听、写、想的学习过程就是专注力的分配，分配能力的强弱直接影响学习效率。专注力分配能力强的孩子，可以做到一手画圆，一手画方；而专注力分配能力弱的孩子，无法同一时间内完成听、写、想的过程。

5. 专注力的转移

专注力的转移是指注意力主动、及时地从一个对象或者一种活动转移到另一个对象或者是另一种活动中去。专注力转移性强的学生，专注力可以很快从一件事情转移到下一件事情上，但是专注力转移性弱的学生就做不到。课堂上听讲认真、思维能及时跟上老师讲课节奏的学生，他们的专注力的转移能力强；而那些听着听着就走神，或者老师讲下一个问题，他的思维还停留在上一个问题的慢半拍的学生，其专注力转移能力较弱。

（三）专注力不佳的生理原因

专注力的发展与年龄有关。小学阶段的孩子，无意和有意的注意都有所增多，并逐渐能把更多的注意力与学习相连。但与成人相比，他们的注意力还是不能长时间集中，因为他们的大脑发育还不够完善。小学低段学生的无意注意占主导地位，在二年

级以前无意注意就已经出现并迅速发展。随着年龄的增长以及大脑的成熟,小学中、高年级学生的无意注意从由外界刺激引起逐步向内部兴趣过渡,同时有意注意也逐步形成和发展起来。日常的学习活动也开始更多地依靠有意注意。小学低段学生的有意注意缺乏自觉性,需要教师或家长给定目的,不断提醒和关照。小学生的有意注意时间会随着年龄的增长而延长,五到六岁的孩子有意注意的时间能保持10~15分钟,七到八岁的孩子能保持15~20分钟,九到十岁的孩子能保持20~25分钟,十一二岁的孩子则能保持25~30分钟。所以,小学低段的儿童容易分心是正常的,老师和家长对孩子"开小差"不必担心,更不应横加指责。

(四)专注力不佳的其他原因

第一,孩子学习兴趣不高,学习任务不明确。孩子做自己感兴趣的事情,注意力会非常集中,而且不易出错。但孩子在做不感兴趣的事情时,不仅容易注意力分散,而且容易出错。

第二,学习环境不安静,干扰过多。孩子的注意力具有不稳定性,在吵闹的学习环境中,很难集中注意力学习。在学习时如果身边有喜欢的玩具或有感兴趣的事物存在,孩子也容易被干扰,无法专注学习。

第三,教育方式不正确。家长对孩子要么过度保护、事事包办,要么就是要求过高、管教太严,人为给孩子造成压力。孩子做作业的时候,有的家长一会儿送杯水,一会儿送点水果,不断干扰孩子;有的家长甚至陪着孩子写作业,让孩子倍感压力。有的家长发现一点问题就紧张焦虑、批评指责,让孩子始终处于紧张状态,影响了专注力的正常发展。

第四,饮食不得当。小孩子往往对颜色鲜艳的食物或甜食比较感兴趣,然而糖果或饮料中含有的人工色素、防腐剂、添加剂等,会刺激孩子的情绪,从而影响专注力的形成。

第五,心理原因。案例中的骏骏注意力不集中,课堂上经常发呆,听讲时心不在焉,主要是因为他存在自控能力差、思维能力发展延缓等问题。

三、家庭教育指导要点

专注力的培养和训练,需要结合孩子的不同情况,采取有针对性的练习。

(一)注意力集中性不强的孩子的训练方法

1. 营造良好的家庭学习环境

父母要帮孩子排除干扰因素,营造一个安静的家庭学习环境。孩子学习时,父母尽可能不进出孩子学习的房间,不大声谈话,不看电视,不打电话。孩子的书桌要干净整洁,物品摆放整齐有序。书桌上只摆放书本等相应的学习用品;文具选择外观简洁、功能简单的,避免孩子把它们当作玩具玩;玩具或食物都不放在学习的房间里。

2. 不干扰孩子做喜欢的事情

当孩子专心做他感兴趣的事情时,也是在无意中培养自己的专注力。因此,当孩子专心观察小动物、玩积木或做手工而忘记吃饭时,父母不要催促孩子,要耐心等他完成后再吃饭。

3. 让孩子做管理时间的主人

父母可以帮助孩子分解每天的学习任务,分阶段计时完成学习。可以根据孩子注意力保持的时间长短来确定一次的完成任务量,并为每次小任务计时。孩子能够按时专心完成,父母要及时表扬,让他看到自己的进步,体验成功的快乐,增强做事的自信心。休息5~10分钟后,再依次完成后面的学习任务。训练过程中逐步延长一次性集中学习的时间。这样既训练了孩子有序安排学习任务、管理时间的能力,又提高了单位时间内的学习效率,是一种训练孩子专注力的非常有效的方法。

4. 一次只做一件事情

孩子的专注力正在发展,其分配能力较弱,不适宜同时进行多件事情。因此,孩子不管是玩玩具、看电视还是听音乐,都不要同时进行,应每次只干一件事情。

5. 倾听故事并回答问题

有趣的故事容易引起孩子的注意,孩子会融入故事情节中。家长可在讲完故事后提出相关问题,测试孩子是否注意力集中,并及时指导孩子。

(二)专注力稳定性不强的孩子的训练方法

1. 不买过多玩具和书籍

有的家长一次性给孩子买很多玩具和书籍,致使孩子出现选择障碍。孩子这本书翻两页,那本书翻两页,既浪费了时间,又不能静下心来坚持看完一本书;玩具也是,这个玩两下,那个玩两下。同时拥有太多的书籍和玩具容易分散孩子的注意力。可以跟孩子约定一次只买一本书或一个玩具,认真看完或好好玩后,作为奖励再买其他的。

2. 采用盯点法随时训练

可以有意让孩子盯着某个点或物体看上几分钟,坚持每天训练几次。

3. 与孩子一起玩"数字游戏"

听数报数:让孩子听一组数字,如269538,然后立即报出来。一组数字的个数可以根据孩子报数用时的长短逐渐加长。

听数倒背:读一组数字,让孩子倒背出来,如739,孩子背出937。数组随训练的进度逐渐加长。

数数:从4开始,隔4数数,如4,8,12,16,20……数到200;从200开始,隔4数数,数到4。选择其他数字开始也可以。记录时间,看需要多长时间数完。随着数数用时越来越短,孩子专注力的稳定性会越来越强。

（三）专注力广度不够的孩子的训练方法

1. 大声读书

每天安排 10～20 分钟，孩子大声朗读喜欢的小文章给父母听。孩子在读的过程中，要做到尽量读通顺，不添字、不漏字、不错字，注意力就需要高度集中。这种方法需要坚持训练。

2. 坚持每天训练认知能力

大部分孩子愿意玩走迷宫、找异同的游戏，顺着一定的路线弯弯曲曲地走出迷宫；或在一大堆事物中找错误、找异同、比大小、比长短等。家长可以买这种益智类的图书，锻炼孩子的观察力、注意力和记忆力。开始时训练时间不可过长，一段时间后可延长练习时间，一定要坚持每天练习。

（四）专注力转移性不强的孩子的训练方法

1. 交替写作业的方法

孩子写作业时，做一道语文题，一道数学题；再做一道语文题，一道数学题。要求思维能迅速转移，快速认真地做对题目。

2. 打岔的方法

孩子写作业时，家长忽然向孩子口头提问题，要求孩子能快速作答。此方法要注意仅在训练时用，不能经常干扰孩子。

注意障碍有阈上和阈下，阈上一般表现为明显的注意多动缺陷，符合多动症判定标准。如果孩子多动状况比较严重，运用上面的训练方法可能收效不明显。家长需要带孩子到专业医疗机构进行检查诊断。如果确诊属于多动症，那么除必要的家庭干预训练外，不能回避医疗干预。除药物治疗外，生物反馈、行为心理、认知训练是目前较常用的专业干预方法。建议家长寻求专业帮助，配合医疗机构实施家庭干预。

四、教学参考

【活动目标】

1. 帮助家长认识到专注力的重要性。
2. 帮助家长了解小学生专注力不佳的各种原因及专注力差对孩子的影响。
3. 指导家长学会选择和运用适合自己孩子的专注力训练方法，培养孩子的专注力。

【活动时间】

40 分钟。

【活动材料】

阅读材料、视频、A4纸等。

【活动方法】

小组讨论、合作表演。

【活动过程】

1. 案例分析，达成共识。出示骏骏同学的案例，让家长结合案例谈一谈自己孩子的情况，了解专注力差对孩子的影响。

2. 剖析原因，引发思考。家长分小组讨论，分析目前孩子专注力差的具体原因。

3. 方法探究，科学指导。教师引导家长讨论交流，找到培养孩子专注力的方法。

4. 总结提升，学以致用。家长讨论后，交流本节课的心得体会，并选择一种方法对上课伊始提出的问题和困惑进行解决。

【活动提示】

在活动中围绕以下问题进行充分讨论。

1. 你家孩子学习时专注吗？

2. 家长应该从哪些方面培养孩子的专注力？

3. 家长在培养孩子专注力的时候应该注意什么？

主题 10　培养孩子的阅读能力

阅读能力是一种复杂的能力,包含一系列复杂的思维活动过程,有阅读能力的孩子能够更加有效地学习与生活。阅读能力的培养需要家校合作完成。那么,在家庭中如何培养孩子的阅读能力?本主题中,教师要教会家长一些基本阅读能力的培养方法,以期在孩子10岁前完成阅读能力的培养。

一、案例描述

李老师今年教一年级。班里的学生思维非常活跃,但是学习基础参差不齐。经过一段时间的观察,李老师发现班里的学生有一个共同的特点,那就是阅读量很少。班里一部分家长注重培养孩子的想象力;一部分家长对孩子无约束,唯一的要求就是让孩子快乐放松地玩;还有一部分家长让孩子学习各种特长,培养孩子的艺术兴趣,反而对于最应该培养的阅读习惯,关注的人少之又少。在这些没有阅读积累的学生里面,年龄较小的安安显得尤为突出。他理解能力比较弱,再加上基础比较薄弱,所以在开学的一段时间内,总是跟不上课堂的节奏,始终是一种懵懵懂懂的状态。每次做完练习,安安练习本上的错误总是很多。为此,老师们也非常着急,课下不停地帮安安练习巩固,但他的学习还是不见起色。

一天深夜,李老师接到了安安妈妈的电话。"老师,我实在没办法了……"在李老师的耐心询问下,安安妈妈说:"安安的练习又做得不好,我反复给他讲了很多遍了,每次给他讲的时候,他好像不知道我在说什么,每天花费很多时间帮他巩固当天所学的知识,但是第二天又全都忘了。孩子听不懂,我就控制不好自己的情绪。我不知道他在课堂上有没有专心听讲。我实在是受不了,别人家的孩子是不是也这样?我真是没有办法了……"听着安安妈妈那哽咽的声音,李老师能深刻感受到安安妈妈的绝望与无助。

对此,李老师结合多年教育经验,给出了有效建议。首先,家长要调整情绪,反思自己和孩子身上的问题,寻找根源。找到根源后,要针对问题有的放矢。苏霍姆林斯基在《给教师的建议》一书中说过,如果孩子学习成绩跟不上,那一定让他多阅读。孩子因为识字量少,就不爱阅读;阅读少了,理解能力就不高,对语言文字就不敏感,所以背东西慢,理解问题也慢。要和孩子一起读书,扩充他的阅读量。阅读过程中,可以采取多种方式激发孩子的阅读兴趣。如家长让孩子先看图猜内容,然后再一起读,读一段就带着孩子一起思考,一起猜测接下来会发生的故事情节,读完后和孩子进行简单的交流。再比如,家长和孩子一起谈谈阅读体会,说说喜欢书中哪个人物和原因。家长陪孩子一起阅读,一起猜,一起想,一起讨论,孩子的读书兴趣就会越来越浓厚,在学习过程中遇到问题,也会变得愿意主动从书中寻找答案,成绩也会慢慢提高。其次,要了解孩子的年龄特点及心理特点,孩子出现问题时帮助孩子找方法而不是发泄情绪,只有和孩子站在一起,才能找到解决问题的方法。

从那以后,课堂上安安高举小手的次数慢慢增多,成绩虽然仍不能达到优秀的程度,但是在一步一步地提高。

安安三年级时,学习能力有了很大提高,成绩也在稳步提升,他的进步大家都看在眼里,这就是阅读带来的巨大影响力。

二、案例分析

一年级的小学生对学校生活充满好奇,但又不能马上适应学校生活节奏。若此种现象持续时间太长,将会直接影响孩子对小学生活和学习的兴趣。案例中的安安因为年龄小,学前没有养成阅读的习惯,所以理解能力有限,上课听不懂,之后听讲不专心,学习受到影响。因此,培养孩子的阅读能力非常重要。

(一) 对小学低段学生的阅读要求

阅读是学生的个性化行为,是运用语言文字获取信息、认识世界、发展思维、获得审美体验的重要途径。《义务教育语文课程标准(2022年版)》中对于第一学段(1~2年级)的具体要求如下。

(1) 喜欢阅读,感受阅读的乐趣。学习用普通话正确、流利、有感情地朗读课文,学习默读。

(2) 结合上下文和生活实际了解课文中词句的意思,在阅读中积累词语。认识课文中出现的常用标点符号,在阅读中体会句号、问号、感叹号所表达的不同语气。借助读物中的图画阅读。

(3) 阅读浅近的童话、寓言、故事,向往美好的情境,关心自然和生命,对感兴趣的人物和事件有自己的感受和想法,并乐于与人交流。诵读儿歌、儿童诗和浅近的古诗,展开想象,获得初步的情感体验,感受语言的优美。

(4) 尝试阅读整本书,用自己喜欢的方式向他人介绍读过的书。养成爱护图书的习惯。

（5）积累自己喜欢的成语和格言警句。背诵优秀诗文50篇（段）。课外阅读总量不少于5万字。

在对第二学段（3~4年级）学生关于阅读的要求中，还特别提出要养成读书看报的习惯，收藏图书资料，乐于与同学交流。课外阅读总量不少于40万字。

培养和提高学生的阅读能力需要家长与学校相互配合。对于小学低段的学生，重在培养阅读兴趣，使他们感受到阅读带来的乐趣，只有热爱阅读，才能提高阅读能力。小学低段学生的阅读能力，主要体现为对文本的理解与领悟，对读过的书及文章有个大概的了解，并能够清晰、条理地表达自己的观点，对故事情节能做简单的点评，有自己的赏析感受。

（二）阅读类型及指向培养的能力

阅读分为精读和泛读两种类型，不同的阅读类型可带来不同的阅读感受。

精读就是精细深入地阅读。在阅读时，把字、词、句、段读明白，对文章的语言、结构、内容、写作方法等进行深入的思考研究。这种方法多在学生学习课文时使用。它是以掌握阅读方法、发展阅读能力、理解文章内容、积累知识为目的的读书方法。精读的目的就是让学生学习阅读方法。

精读需要有引导者，如果家长自己能够引导孩子精读，那么可以在语文书之外，选择一本经典名著伴读，一边读一边讨论，可以讨论语言风格、人物形象、情节设置、作家的底蕴等，可以读得很慢，不求速度，但求质量。这样的充分讨论可以在很大程度上提升孩子思考、分析和理解问题的能力。其次，也可以学习一些名著精读方法，在精和深的方面培养孩子的思维能力，让孩子掌握更多读书的方法。因精读用时太多，所读文章数量有限，此种方法在课外阅读时用得较少。

精读文章量少，孩子接触的语言就很有限，不能进行更多的重现，很难用心地进行对比、概括和总结，所以，也就很难牢固地掌握语言，很容易忘记，而泛读就是解决这个问题的好办法。泛读，顾名思义，是指广泛地阅读，是读懂书的内容，并有一定的阅读速度，不注重精雕细琢，也不会逐字逐句地理解，更不用有意识地赏析。泛读注重对整本书的理解和阅读速度。泛读的文字量通常都很大，也有很高的语言重复率，孩子能够接触到更多相同的语言现象，吸收自然会更加迅速。这样就可以更好地巩固精读时学到的知识点，并且将学到的知识在泛读的广阔天地里进行反复的印证和检验，以此来更好地充实和巩固。

此外，泛读还可以有效拓宽孩子的阅读视野，激发孩子的阅读兴趣，让孩子在阅读时轻装上阵，享受更多阅读的乐趣。大量的阅读，可以让孩子的求知欲得到极大程度的满足，阅读速度也能够得到快速提升。能够静心进行大量阅读的孩子，应该是一个专注力很强的孩子,这种强大的专注力一旦形成,对日常学习的益处也是不言而喻的。好的专注力可以让孩子在听课时快速抓住重点,自然在阅读长的材料时也能抓住重点。这是大量的阅读实践练就的本领。泛读所提供的语言现象非常丰富,因此,对于培养语感很有帮助,孩子能够在精读中进行概括和对比,正是因为具备了大量的语言感性知识,也会进一步对语言规律产生一定的认识。泛读是精读的有效补充。

(三) 阅读能力对儿童发展的重要作用

苏霍姆林斯基曾说过,让孩子变聪明的办法不是补课,不是增加作业,而是阅读、阅读、再阅读。而且,学习越困难,在学习中遇到的似乎无法克服的障碍越多,就应当更多地阅读。阅读能教人思考,而思考会变成一种激发智力的刺激。

读的书越多,孩子的知识面就越广,阅读能力就越强,思维就越清晰、活跃,学习新的知识就会变得越轻松。

培养孩子的阅读能力具有现实意义和人文价值:可以增加他们的识字量,使其集中注意力;可以开阔视野,培养语感,提高理解能力,为写作奠定基础,这是最具现实意义的;可以提升语言交流能力,激发学习兴趣,帮助形成健全的人格,培养克服困难的信念。

多读书不仅可以让我们开阔视野、增长知识,还能陶冶情操,更能学习智慧,远离愚昧。人生没有白读的书,每一页书都是进步的一个脚印,虽不能让人马上成功,但却能让我们教会孩子,通过书里的知识去寻找人生的答案,发现生活的真善美。

三、家庭教育指导要点

(一) 根据不同阅读起点进行阅读能力的培养

1. 阅读能力较强

阅读能力较强的孩子,识字量大,理解能力强,对于文本的理解与感知能力较强。这类孩子读书多,在读书时大多是泛读或是跳读。这种方式的阅读可以激发孩子的阅读兴趣,增强他们对语言文字的感知能力,提高理解能力与概括能力,这是泛读的优势。有的家长反馈孩子读书很多,但是读得很快,读完了也不知道吸收了多少,所以非常担忧。这就好比外出旅游,去过很多地方,那些景色会逐渐在记忆中模糊,但却拓宽了我们的视野,陶冶了情操,感受到了不同的地域文化。泛读是一种自由阅读的方式,但无法深入把握文章的思想、结构与写作方法等细节,因此会让人感觉像是在囫囵吞枣。

为避免这种现象,我们可以采用不同的策略使孩子阅读过的书在脑子中"留痕"。

(1)"画图"阅读法。在阅读时,吸引孩子注意力的大多是故事情节,他们在阅读时聚精会神,读过后书的内容在脑中有痕迹但模模糊糊,所以可以尝试运用孩子们喜欢的思维导图形式,对故事、人物、情节等关键信息进行梳理,进而分析文章的脉络,理清文章的思路。故事情节丰富的,可让孩子说说故事中的人物或是讲讲故事内容,谈谈自己的喜好。

(2)"阅读单"助读法。形式多样、富有创意的"阅读单"是帮助孩子深入阅读的"拐杖"。对不同类型的书可采用不同的阅读形式,如填写时间表、写阅读感受或是画图。可以采用边画边写或者简单写写的方式,不仅简单有趣,也可以帮助孩子理解文本。

(3)"比较阅读"法。阅读同一类型书时,可以看看作者是采用什么方法写的,如同样是写动物,这本书重点写了动物的什么,另一本重点写了什么。经过比较思考,孩子在阅读的时候就可以举一反三,灵活运用。我们还可以推荐一些古人或是文人读书的方法,供孩子学习。

(4)学古人读书法。三国诸葛亮精通读书之道。他隐居时,读书方式与别人不一样,是"独观其大略",没有钻进书堆逐字逐句地机械记忆,而是泛读大概,取其精要,所以他上知天文、下晓地理,博览群书。晋代文学家陶渊明读书讲求"会意",注意抓住重点、去繁就简、独立思考,即读书时着重领会书中深层的含义,而不执着于个别字句。

(5)学文人读书法。老舍先生读书只求有灵感,只浏览自己感兴趣或是自己喜欢的内容。读书有不同的角度或者维度,因此,阅读时我们可以建议孩子一字一句地琢磨,一点一滴地记录,一段一段地品析,一篇一篇地思考,甚至达到记忆背诵的程度。

阅读能力较弱的孩子一般是读书少的孩子,他们不愿意读书、畏惧读书,原因是他们识字少,阅读中存在障碍,对读书没有兴趣。对于这样的孩子,可以从激发其读书兴趣入手,如在家里创设良好的阅读环境,可精心设计图书角或与孩子共同布置书房。除此之外,建议家长把书放在孩子目之所及、随手可拿的地方,而不是为了好看,把书统一放到橱子里。这样能让家长和孩子有更多的机会去了解优秀的作品,润物无声地培养孩子的阅读兴趣,感受文字的魅力。也可借助一些儿童影视作品激发孩子的阅读欲望,或是选择一些经典绘本,让孩子从欣赏图画开始,从说图画到读绘本等,这些方式都可以激发孩子的阅读兴趣。

(二)小学低段亲子共读策略

儿童阅读分为不同的阶段:绘本、讲故事、文字阅读。对于小学低段的儿童,要注重培养他们的阅读兴趣,给孩子读绘本、讲故事。所有儿童在小学阶段都需要亲子共读,因为它一种情感沟通的方式。

1. 亲子共读一本书

亲子共读需要一个过程,包括从家长读到家长陪伴读,再到孩子自己读。这一过程中家长要起一个桥梁的作用,也就是说家长把孩子带入书的世界,培养孩子爱阅读的习惯。小学阶段孩子识字少,最好的办法就是给孩子读书。有些孩子记忆力强,听了几遍故事就能一字不差地背出来。此时,可以让孩子指着字说故事。有时候,孩子会对某一个故事特别有兴趣,让家长每天讲,增加了对故事文字的熟悉程度。

2. 亲子共谈一本书

梅子涵教授曾经说过,亲子阅读是独立阅读的前提,成年人不只是要陪伴、引导,还要欣赏和聆听。欣赏孩子的喜悦和感动,聆听他们的疑惑和体会。这样的欣赏和聆听,鼓励的是能力和信心。家长可与孩子一起讨论书中的故事情节,或是对人物进行评价,还可以说说读书后的收获等。因为共同阅读而产生的话题讨论,能够引导孩子深入地思考文本,从而更好地理解书的主旨,激发阅读兴趣,享受阅读及分享带来的乐趣,使亲子关系更加融洽。但我们也要提醒家长,在阅读时要尊重孩子的发展与阅读规律,循序渐进,从而真正地实现阅读的有效性。

3. 亲子共演一本书

可以选择书中的一个精彩片段,让家长和孩子一起讨论,这里人物的表情应该是怎样的,他应该穿什么衣服比较合适。表演出来之后,可以用手机录像,给家里的其他成员看一看,让大家一起来说一说,谁演得好,哪个地方不好,为什么不好,可以到书中去找找信息。把精彩的片段表演出来,家里也是其乐融融。

4. 去不同的场所读书

家长可以带孩子到图书馆或是书店去读书,我们在书店里经常会看到一些家长和孩子席地而坐,捧着一本书专心致志地读。在那样的环境与氛围里,孩子也会学着拿起一本书来读。刚开始他们也许会装样子,但次数多了、时间久了,就成了习惯。或是家长给孩子办一张借书卡,让孩子到图书馆借书看,让他们充分体会一次当大人的感觉,也是极好的。

我们也建议家长将孩子的阅读和有趣的户外活动联系起来。带着孩子到户外玩耍时,让他们随身带一本自己喜欢的书,可以在休息亭里读书、在石头凳子上读书,也可以在秋千架上读书,一切新鲜有趣的阅读活动都能带来阅读乐趣。或是多参与一些与阅读相关的群体活动,如绘本馆、社区举办的与阅读相关的表演活动,阅读会、故事大赛、朗读故事、绘本表演……多提供这样的机会,他们就会爱上阅读。

5. 在生活中读书

在生活中,阅读可以分两类。一类是阅读无字之书。比如带孩子参加表演或庆祝活动,和孩子一起闭眼想画面,体会这些声音和景物带来的不同感觉。鼓励他们边写边画,记录感受。也可以进行分类阅读,如专门做一次和颜色有关的阅读,或是和美食有关的阅读,这些不拘一格的形式可以带给孩子不同的体验。家长带孩子旅游,让孩子用心体会地域生活的不同,留心观察当地风俗,用心记录,然后进行对比阅读。另一类是阅读生活。留意那些随处可见的文字,如商品的广告语、商店的宣传牌,这些文字灵动且富于趣味,孩子们读起来兴趣盎然。

(三)家校合作培养阅读能力

为共同促进学生阅读能力的提升,老师和家长可以进一步加强合作,如通过"故事妈妈进课堂""我为妈妈讲故事"一系列活动,激发学生的阅读兴趣,提高学生的阅读能力。

在每次活动前,妈妈和教师要认真商讨,确定故事内容、讲述方式、时间的长短、道具头饰等。在讲述过程中,鼓励孩子大胆表达。也可以一起玩故事接龙的游戏,同一个故事,不同的孩子来讲,或是同一个主题的故事,大家一起讲,充分调动孩子读书的兴趣。

培养孩子的阅读习惯和提高孩子的阅读能力,需要一个漫长的过程,家长在这个过程中起到了不可估量的作用。培养孩子的阅读兴趣与习惯,不是一蹴而就的,而要根据孩子的年龄、理解能力的不同,选择不同的方法。当然每种方法的关注点也是不一样的,在不同年龄段、不同孩子中使用不同的读书方法,其收获也是不同的,家长要根据自己孩子的特点选择适合的方法,因材施教。

五、教学参考

【活动目标】

1. 帮助家长理解阅读的重要性,了解培养阅读习惯、提高阅读能力的方法。
2. 指导家长掌握激发孩子阅读兴趣的方法,家校合作培养孩子良好的阅读习惯。

【活动时间】

40分钟。

【活动材料】

调查问卷、阅读材料、课件PPT。

【活动方法】

小组讨论、案例辨析。

【活动过程】

1. 通过对调查问卷的统计,总结出困惑家长的有关孩子阅读的三个问题。
2. 小组讨论:任选一个话题进行讨论交流。
3. 家长相互交流,教师补充观点。
4. 学以致用,进行案例分析。

【活动提示】

1. 话题讨论要根据家长所提的困惑进行。
2. 家长一定要有感而发。

主题 11　电子产品的"迷与瘾"

随着信息技术的飞速发展,人们的生活已经进入了信息化网络时代,电子产品的应用和普及给人们的生活带来了很多便利,但同时为青少年的健康成长也带来了一些负面影响。由于养育方式等问题,部分小学低段的孩子已经开始出现电子产品依赖甚至上瘾的情况。本主题主要讨论家长应如何科学教育、智慧引导,让孩子合理使用电子产品。

一、案例描述

小著是个长相秀气的男孩,但他从一年级入学开始就不太合群,做什么事情都是独来独往,遇到困难时只会大哭,不懂得向老师和同学寻求帮助。班主任王老师多次联系家长,小著父母并不以为然,认为这是因为孩子小,不懂事。

一年级下学期,小著突然开始严重脱发,有两处特别厉害,不久就露出了头皮。小著认为很难看,担心被嘲笑,于是整日戴着帽子,即使夏天也不肯摘。妈妈带着小著四处求医诊治,但始终找不到原因。医院里所有的检查都做了,结果显示一切正常,但小著的头发还在掉。后来有位朋友建议小著妈妈带着孩子咨询一下心理老师,从心理学角度再找一下孩子脱发的原因。小著妈妈很抗拒,认为看心理老师就说明孩子心理不正常,她坚信儿子只是普通的脱发。

转眼小著上三年级了,长得又高又壮,但依然天天戴着帽子,还增加了抽动、秽语的症状,并经常主动攻击其他同学。问及原因,小著很认真地说同学骂他,事实上,那个同学当时正在认真听课。小著的这种行为愈加严重,严重影响了班级正常的教学秩序。无奈之下,妈妈只能选择辞职陪读。陪读几日,妈妈眼睁睁地看着小著在课堂上抽动,无缘由地殴打同学;课间行走在教学楼内,身边并无旁人,但突然大喊一声"杀",然后继续前行,走了十几步又挥舞着手臂大喊大叫。妈终于坚持不下去了,主动约见了学校的心理老师郭老师。

郭老师了解了孩子的成长情况：父母工作繁忙并经常出差，孩子从小跟奶奶长大。奶奶文化程度不高，认为只要孩子身体不受伤就行。为了不影响做家务，从小著两岁半开始，每天早饭后，奶奶就让小著坐在电视机前观看各种动画片，一直持续到晚饭前。奶奶给小著播放最多的动画片是《奥特曼》，奶奶认为动画片里打打杀杀挺热闹的，而且认为男孩子就应该有敢打敢冲的阳刚气。就这样，电视成了小著最好的朋友。

小著五岁生日时，爸爸送给他的生日礼物是一部 iPad。于是 iPad 游戏也成了小著的好朋友。父子二人热衷于一款"植物大战僵尸"的游戏，还常常比赛。小著沉迷于该游戏，还追着妈妈买了全套的相关书籍。每日不是沉迷于游戏中，就是沉迷在此类书里。一年多以后，小著开始出现脱发症状。小著父母怎么也没想到，儿子的症状和过度使用电子产品有关。

郭老师告诉小著妈妈，要让小著远离与暴力相关的一切游戏、视频和书籍，并在家庭教育方法上给予建议和指导。一段时间后，小著开始慢慢地长出新头发，小著妈妈高兴坏了。曾经她带儿子遍访名医，中药、西药吃了一大堆，疗效甚微。仅仅只是切断电子产品几个月，孩子就开始长出头发，妈妈连呼神奇。坚持了半年，小著的新发都已长出，不用每天戴帽子遮丑了，小著自己也非常开心。虽然依然没有朋友，但他的暴力倾向减轻了；上课时，虽然还会忍不住抽动，但是频率降低了很多。妈妈开心地说，儿子现在也知道心疼妈妈了，经常主动帮妈妈做家务。

二、案例分析

《世界卫生组织：为了健康成长，儿童需要少坐多玩》的报告中明确指出了各年龄段儿童，尤其是幼儿接触电子产品的时间限制。过多的"屏幕时间"不仅会造成儿童视力下降、脑发育受阻等危害，还会影响到儿童专注力的培养、情绪和时间管理等良好习惯的养成。案例中小著的情况即是如此。

（一）正确认知，以身作则

首先，我们要认清一个事实：电子产品给我们的生活带来了很多便利，现代人的生活、学习、工作都离不开网络，对于青少年来说，学习知识、开阔视野、人际交往、搜集素材等，更离不开信息化工具和网络媒介，因此，在数码时代完全避开电子产品几乎是不可能的。然而，利与弊向来是相伴而行的，电子产品的过度使用和依赖的确会给人们带来诸多损害。其实，网络和电子产品本身并没有绝对的好与坏，我们不能片面地指责电子产品，可以通过家庭教育指导孩子科学、正确地使用它们。

父母是对孩子影响最大的人，孩子都会模仿学习父母的言行。如果父母在家中整日沉迷于电子产品，孩子便会产生好奇心并效仿。此时，父母如果再带着孩子一起玩，孩子就容易误以为父母在教他一种有趣的"技能"，便会认真学习。加之电子游戏的趣味性,久而久之,孩子很可能成瘾。案例中,小著爸爸自己沉迷于游戏,并主动带着小著一起玩,甚至还采用趣味性比赛等方式激发孩子的热情,孩子当然会深陷其中。

(二)陪伴的缺失,情感的渴求

1. 隔代宠溺

很多家长因工作繁忙等原因不能常伴孩子左右,于是便把孩子交给老人看护。老人容易对孩子的要求无条件地满足。孩子要求长时间看动画片、玩游戏时,老人常会有求必应。

2. 电子"保姆",替代看护

有的老人会利用电子产品替代自己看护孩子,从而抽身做家务。案例中,小著的奶奶就是如此。当孩子情绪失控、大吵大闹时,很多老人以为动画片、电子游戏等能够分散孩子的注意力,让孩子变得安静,所以经常用这样的方法哄孩子,这会大大增加孩子对电子产品的依赖性。

3. 缺乏亲子高质量陪伴

孩子都渴望父母的陪伴,如果父母经常不在身边,孩子就会缺乏家的温暖和心理归属感,缺乏与现实世界的情感连接。每个人都需要情感陪伴,如果现实生活中缺少父母关爱,很多孩子就会到网络虚拟世界中寻找安慰,把电子产品当成自己的好朋友来陪伴自己。因此,如果家长平日没有很多时间陪伴孩子,一旦陪伴,就要高质量地陪伴。有时陪伴不在于时间的长短,而在于质量,那些原本就很少能陪伴孩子的家长,一定不要把有限的亲子时光都用在说教和责备孩子上。

4. 缺乏成就感

孩子在成长过程中难免会犯错,父母如果一边指责、一边包办代替,孩子不但无法学会自立,还容易在指责中越来越自卑。孩子没有机会去体验成就感和认同感,便会在网络虚拟世界中寻求心理平衡。例如,每当自己游戏闯关成功时,游戏软件会立刻生成"你太棒了"这种肯定性的夸赞。即使闯关失败,游戏软件也会继续鼓励,如"加油,不要气馁""再来一次,你一定会成功"。这些表扬和肯定是孩子内心的渴求,孩子的生活中缺少这些,所以就会喜欢沉浸其中,只有在游戏中他才不会觉得自己一无是处。

(三)电子产品的痴迷实为"行为上瘾"

电子产品上的图像都是平面化的,如果孩子长时间看平面化图像、生活在一个平面的世界里,他的大脑发育和机能会发生物理性改变,并且难以恢复。不仅孩子容易上瘾,成人也是如此。例如,很多人下载了各种健身软件,并随身携带运动手环等可穿戴设备,监测自己每日步数和运动量,有时候已经很累了,但是没有完成自己设定的步数计划,或者希望自己的步数排名提前一些,就会拖着疲惫的身躯继续走路,其实这样的运动对身体并没有好处,还容易造成运动损伤。更有甚者,用手晃动运动手环或其他计步设备以"完成"步数,这都是行为上瘾。

三、家庭教育指导要点

(一)家长以身作则,为孩子做好表率

1. 家长要做好自我管理

在电子产品的使用上,父母要成为孩子学习的榜样。例如,和孩子在一起的时候,放下手机,有效陪伴。打开电视机的时候,可以和孩子一起收看新闻和科教类节目。如果必须在家里使用电脑或手机处理公务,可以和孩子说明一下,让孩子知道,网络虽然是娱乐的平台,也是工作的助手。同时要注意规范自己的使用行为,合理安排休息时间。只要家长自己有良好的电子产品使用习惯,就能更好地帮助孩子学会正确使用电子产品。

2. 制定《家庭电子产品使用规则》

正确使用电子产品对孩子的学习是有帮助的,例如查找学习资料、看时事新闻、与距离较远的良师益友联络。对于这些有利于孩子学习和成长的行为,家长是需要支持和鼓励的。电子产品具有正面和负面双重影响,关键是要对孩子做好引导。在使用之前,家长要事先与孩子约定好时间,设定使用范围,确保电子产品给孩子带来的是积极作用。

3. 培养孩子广泛的兴趣,用有益活动填补孩子的空闲时间

可以安排各种文体活动,如骑自行车、踢球和各种棋类活动,培养孩子多方面的兴趣。在家庭条件允许的情况下,家长尽可能多地选择带领孩子参加户外活动,亲近大自然,让孩子多呼吸新鲜空气,与可爱的花草鱼虫、秀美的山川湖泊多接触,了解动物、植物的生活习性,了解一年中四季的变化。大自然里肯定有比电子产品更吸引孩子的地方,培养孩子的观察力,丰富孩子的想象力,引导孩子形成健康向上的生活方式。

4. 增加亲子陪伴时间

家长再忙也要抽出时间来陪伴孩子,在陪伴过程中发现孩子的长处和闪光点,并不断鼓励和引导,让孩子得到充分尊重和认可,体会到认同感与成就感。例如,在很多人眼中,"苹果之父"乔布斯用 iPhone 和 iPad 改变了人们的生活,但据说他从不让自己的孩子使用 iPad。他坚持每晚在厨房长桌吃晚餐,和孩子讨论书籍、历史等各种话题。小学低段孩子在成长的过程中,父母师长的认可是其努力进步的重要驱动力,父母的高质量陪伴能够满足孩子情感发展的需求,也能够帮助家长了解孩子的发展状况,形成亲子间的和谐关系,树立家长的威信。

5. 鼓励孩子交朋友

父母可以经常带着孩子到户外活动,并多与同龄人接触和交往。让孩子使用文明语言与小朋友交流,通过彼此交换玩具、共同游戏等方式,让孩子学会分享,培养孩子的社交能力。让孩子邀请同伴到家里玩或一起学习,由孩子自己招待小伙伴,学会与人友好相处。可以利用周末或节假日两个家庭一起外出游玩,安排孩子们一起摆餐具等活动,培养孩子的团结合作能力。孩子有了伙伴的陪伴,对电子产品自然而然就失去了吸引力。

(二)有电子产品迷恋倾向的儿童的家庭教育方法

家长面对孩子沉迷于电子产品的问题,如果不顾孩子感受,简单粗暴地用"堵"的方式处理,不但解决不了问题,还会使孩子产生对抗行为。对于已经出现电子产品迷恋倾向的儿童,家长可以注意以下几点。

1. 严慈相济,制定规则

(1)家长要用积极的语言与孩子进行交流,让孩子知道沉迷网络的危害,认识到经常看手机会影响视力,耽误学习,消磨掉读书与锻炼身体的时间,致使学习成绩下降。

(2)亲子共同商量并约定上网时间,家长要提前跟孩子说明白,定下规矩,哪些时间段内可以用手机,用多久,用途是什么等。例如,家长与孩子一起约定,每天做完作业后可以有15~20分钟用手机时间,一段时间后减为每天10~15分钟,慢慢递减直至不玩。周末时使用手机的时间开始时不超过1小时,慢慢减为30分钟、20分钟甚至更少。

家长一定不要在孩子玩兴正浓的时候,强行制止或抢夺电子产品,否则,会激发孩子的逆反心理和负性情绪。家长应在快到时间的时候,提前告知孩子,让孩子有心理准备,语言要温和而坚持,一段时间后要培养孩子自己设定闹钟、计时管理的习惯,培养孩子的自律性。

2. 监督用途,文明护航

(1)家长要时常监督孩子使用电子产品的用途、查阅内容以及与友人的交往情况,为孩子健康使用电子产品保驾护航。互联网上信息纷杂,良莠不齐,孩子年龄小,辨别能力和控制力弱,因此,家长要把家中的电子产品提前设置成青少年保护模式,给孩子经常使用的软件添加过滤功能,并避免安装不良软件,定期查杀病毒等,这些行为都是孩子使用电子产品前家长要做的前期准备工作。

(2)要先与孩子商定好使用规则,让其认识到一些不良信息只有危害,没有好处,明确说明坚决不能看不健康的内容。在孩子使用过程中,父母也要经常监督孩子的使用情况,一旦孩子违反规则,就要立刻停止使用电子产品。

3. 用健康的娱乐休闲活动替代电子产品

（1）对于小学阶段的孩子来说，最快乐的事情是有父母陪伴的亲子活动，或与同伴一起做游戏。父母尽可能地每天抽出一定的时间陪伴孩子，一起进行亲子娱乐、亲子劳动、亲子运动等要活动，也要多陪伴孩子玩益智玩具、画画、做手工、亲子阅读等，共享亲子时光，以各种有益活动逐渐替代电子产品。在这个过程中，家长要注意稳步进行，不可急于求成。要与孩子多协商，制定阶段性训练目标，循序渐进地推进训练。对于孩子的哭闹、乱发脾气等负面情绪，家长要多包容、接纳，同时坚定地执行。

（2）电子产品对孩子来说是一把"双刃剑"，既要看到其有利于孩子学习知识的一面，也要重视其负面影响。为了孩子身心的健康发展，家长要把握好教育规则和尺度，不骄纵，教孩子科学、正确地使用电子产品，养成自律、自理、文明上网的好习惯。

（3）家长要与学校保持教育的一致性，做到家庭、学校、社会合作共育，共同努力为孩子的健康成长保驾护航。要正确引导与规范，促进孩子健康上网，才能使家庭教育、学校教育获得成功。

四、教学参考

【活动目标】

1. 帮助家长认识到孩子合理使用电子产品的重要性。
2. 帮助家长了解孩子沉迷网络的原因及迷恋电子产品对孩子的影响。
3. 指导家长学会预防孩子出现电子产品迷恋倾向的家庭教育方法，以及对相应早期行为的教育指导。

【活动时间】

40 分钟。

【活动材料】

阅读材料、视频资料、A4 纸等。

【活动方法】

小组讨论、合作表演。

【活动过程】

1. 案例分析，达成共识。出示小著同学的案例，让家长结合案例谈一谈自己孩子的情况，了解迷恋电子产品对孩子的影响。
2. 剖析原因，引发思考。家长分小组讨论，分析目前孩子沉迷网络的具体原因。
3. 方法探究，科学指导。教师引领家长讨论交流，找到对迷恋电子产品的儿童的家庭教育方法。

4.总结提升,学以致用。家长讨论后,交流本节课的心得体会,并选择一个上课伊始提出的问题和困惑进行解决。

【活动提示】

在活动中,围绕以下问题进行充分讨论。

1. 你家孩子迷恋电子产品吗?

2. 孩子迷恋电子产品,家长应该从哪些方面进行家庭教育?

3. 对于有电子产品迷恋倾向的儿童,家长在进行家庭教育的时候应该注意什么?

生活习惯 篇

主题 12 规矩与约束是健康成长的必需品

我们常说，不以规矩，不成方圆。在无条件接纳孩子的同时，必须给予其合理的规矩与约束。许多"熊孩子"的不当行为就是来源于父母养育过程中规矩和约束的缺失。那么，应该给孩子树立什么样的规矩？管教的底线与边界是什么？本主题中，教师会带领家长一起来学习。

一、案例描述

多多是一个非常调皮好动的孩子。她上课经常注意力不集中，喜欢东张西望；下课的时候特别愿意和同学打闹；班级队伍里，总会见她扭着身子东看西看，做操时总是需要同学提醒；看到别人的物品就很喜欢，愿意私自拿别人的物品且不归还；经常会对父母说谎。每当她违反规则，同学提醒她时，她总是置之不理，甚至出言不逊，动手打人。即使是老师提醒，她也不虚心接受，不但对老师的提醒不屑一顾，还跟老师顶嘴；和同学产生矛盾时，总爱大喊大叫，甚至是歇斯底里地哭泣。

于是，班主任找到了多多的家长。多多的爸爸温文尔雅，妈妈能干要强。从与家长的谈话当中，班主任了解到他们夫妻双方在对孩子的教育观念上并不一致。爸爸介绍说，因为工作原因，孩子从小一直跟着家里的老人长大。老人对孩子的各种行为都没有约束，百依百顺。有一次，奶奶带着她到老同事家去拜年，大人们在聊天儿，她就在别人家里到处翻东西，一会儿翻柜子，一会儿翻抽屉，翻到自己喜欢的一个摆件，就拿过来给奶奶装到包里。当时那家的主人很不高兴，没有碍于多多奶奶的面子选择妥协，而是坚决不让她拿回家。多多的奶奶有些尴尬，把摆件拿了出来。但是多多又哭又闹，持续了很长时间，主人无奈地把东西送给了孩子。临走的时候，多多又看好了主人给自己临时穿的卡通拖鞋，于是故伎重施，硬生生把拖鞋也带走了。

多多父母因为工作的原因不经常回家，只是在周末回去。随着孩子年龄的增长，他们发现孩子越来越不服管教，在家里稍有不如意的地方就大哭大闹或在地上打滚儿，直到满足她的意愿。多多上学了，父母把她接到身边，发现问题已经很严重。为此，他们很苦恼，不知该从哪儿下手。多多妈妈在工作中表现得很优秀，也很严谨，是一位女强人，但她只注重孩子的成绩，在孩子成绩不优秀、达不到她的目标时，她就会格外紧张甚至非常焦虑，但对于孩子的行为习惯及处事方式却不够重视。如果孩子哭闹，妈妈就会打孩子，家里经常处于一种鸡飞狗跳的状态。在生活上，妈妈对于女儿的要求又是百依百顺，没有约束，也没有管教，呈现一种放任的状态，多多爸爸则更多地主张宽松教育。

考虑到多多妈妈重成绩、轻习惯的教育方式，班主任决定和多多父母进行一次面对面的交流。

通过与家长的沟通，班主任了解到家长的一些想法。一是多多妈妈对于孩子学习成绩过于焦虑，过激的情绪和举动导致孩子晚上睡眠不足。二是多多妈妈认为，只要孩子学习成绩好，淘气点没关系，孩子小、不懂事，没有必要给孩子立规矩。如果给孩子立了规矩就增加了约束，这样就限制了孩子思维的发展，不利于培养孩子的想象力以及独立思考的能力。三是多多爸爸性格比较温和，对孩子学习不够重视，要求不严格。

了解到原因后，班主任从以下几个方面给了家长建议。第一，生活习惯会决定行为习惯，行为习惯会决定孩子的品行，影响孩子以后的处事方式及格局。帮助孩子养成正确的生活习惯和行为习惯是非常重要的。第二，帮助孩子树立规则意识，给孩子立规矩，指导孩子用规矩约束自己的行为。可以给孩子讲相关的故事，帮助孩子认识到规矩与约束的重要性；要以身作则，如与孩子外出时，遇到红灯停车等候时要告诉孩子，规则是每个人必须遵守的，交通规则是生命的保障线；面对孩子的无理要求，要坚决说"不"，告诉她做任何事情都是要注意尺度。第三，在孩子的教育方式上，家长的观念要一致，教育方式要统一。当孩子出现问题时，家长之间可以先交流，统一观点后，站在同一立场上与孩子共同解决问题，这样才能形成教育合力，达到教育效果。第四，肯定多多妈妈重视学习的观念是正确的，孩子出现问题时，家长的帮助要有尺度。作为家长一定要调整心态，转变转念，要根据自己孩子的特点，因材施教，温故知新。建议家长一定要多和孩子交流，如"今天在语文、数学课上都学了什么"，根据孩子的回答再问其他问题，如"这几个生字怎么写，你能写给妈妈看看吗"。如果孩子不会写，可以鼓励孩子看看书再写。柔和的询问方式既可以帮助家长了解孩子课堂所学知识，帮助孩子养成良好的复习习惯与听讲习惯，又能增进亲子沟通。

通过交流，一段时间后，多多的情况有所好转，但也出现了反复。多多在托管班又没经过同学的同意，拿别人的铅笔。同学回家告诉家长后，同学家长找了多多妈妈。多多妈妈极为难过，又找到了班主任。班主任告诉她：孩子在成长过程中出现的问题难免会有反复，家长要及时做出回应。要真诚地与孩子沟通，了解事情的缘由，与孩子一起解决,而不能一味地否定与指责,简单粗暴地宣泄情绪或表现出对孩子的不信任。这件事情之后,多多妈妈通过微信给班主任发了一段长长的反思文字,表达了自己对教育孩子的感悟及一些失败做法,并找到了自己在教育方面的最大问题——关注孩子的成绩多于孩子的行为,很少教孩子如何约束自己,导致其学习、生活和行为习惯各方面都出现了问题。之后,家长改进了教育思路和教育方式,孩子的行为习惯有了更为明显的改观。

二、案例分析

案例中,多多的问题属于外化行为习惯问题。其妈妈是一个重成绩、轻行为习惯的家长,没有树立先成人、再成才的教育观念,没有意识到规矩与约束对孩子成长的重要性,教育孩子的方式比较简单。其实,这也一定程度上代表了一部分家长的问题,因为没有帮助孩子养成良好的行为习惯,孩子在处事上没有规矩与约束,随心所欲、自由散漫,就会出现各种问题行为。

(一)儿童问题行为及其表现

儿童问题行为指儿童在成长的过程中,由于环境和自身原因导致的不良行为,妨碍自己身心健康发展,对家庭、学校、社会的发展造成不良影响,这些行为是需要约束的,主要包括内化问题行为和外化问题行为。内化问题行为指儿童所经历的不利于其健康成长的负面情绪,包括暴躁、退缩、抑郁等;外化问题行为指儿童违反社会规范给自身及他人造成不良的影响,这些行为严重地、频繁地或持续地危害儿童个人及他人生活或身体的安全,从而妨碍其参加团体活动及运用公共设施,是品德不良的早期表现,但没有固化为品行。儿童问题行为对儿童发展的诸多方面具有消极影响。

儿童外化问题行为可分为两大类:一是品行问题,二是注意障碍或多动相关症状。品行问题也可分为两类:攻击行为和违纪行为。常见的攻击行为有挑衅、破坏、争斗、攻击他人等;常见的违纪行为有违纪、欺骗、偷窃等。注意障碍或多动相关症状分为注意缺陷相关症状和多动相关症状。

案例中的多多行为属于典型的外化问题行为,有品行问题,也有注意障碍或多动相关症状。面对别人的提醒置之不理,甚至出言不逊,动手打人;就连老师提醒她,她也不虚心接受,不但跟老师顶嘴,还对老师的提醒不屑一顾,和同学产生矛盾时总爱大喊大叫,甚至是歇斯底里地哭泣,这些是违纪行为。看到别人的物品就很喜欢,私拿别人物品且不归还,经常会对父母说谎,这些是品行问题。上课专注力不集中,东张西望,站队时扭着身子东看西看,做操发呆,这些是注意障碍的表现。

(二)家长管理焦点的错位

当前,家长普遍有较重的教育焦虑,容易放大孩子学习中遇到的问题。由于学习竞争比较激烈,孩子的学习压力过大,很多家长只注重孩子的学习成绩,忽略了品行与习惯问题,忽视规矩与约束对孩子健康成长的作用。他们认为只要学习好了,孩子以后就会发展得很好。殊不知好的品德对人发展的重要作用。中华民族历来重视品行,《左传》中写道:"太上有立德,其次有立功,其次有立言,虽久不废,此之谓不朽。"意思是,人生最高的境界是立德有德、实现道德理想,其次是事业追求、建功立业,再次是有知识有思想、著书立说。这三者是人生不朽的表现。把"立德"摆在第一位,是因为万事从做人开始。家长要了解每个年龄段孩子的身心发展规律,根据孩子的身心发展特点,选择合适的教育方法。

1. 6~8岁儿童的行为特点

儿童行为会随着生理发展而变化,不同的时期呈现不同的特点,只有掌握儿童心理"密码",才能掌握正确的教养方式。

6岁的儿童刚走进小学,首先面临的是由生活的变化、个人身份的变化带来的一系列问题。对于他们来说,学习成为最重要的活动之一,同时他们还必须遵守学校一系列的规则,并形成良好的行为习惯和学习习惯。

很多儿童学前学科知识比较丰富,但缺少良好的习惯,专注度不高,自我约束力不强,而且生活自理能力差,有的甚至不能独立吃饭,不会整理书包,依赖性较强,碰到困难时愿意找大人帮忙。大多数儿童的"自我中心"意识较强,不懂得体谅别人,不愿意吃亏,不会与他人合作,更没有主动与别人合作的意识,这个年龄阶段的儿童以好奇心重、好动、热衷模仿各种行为或语言为主,有较强的"向师性",并且思维上有直观、具体、形象等特点。

二年级学生已慢慢接受了学校的一些规则,了解了校园生活,基本适应了学校的节奏,能遵守学校的规章制度,但情绪不稳定,自我约束性不强,经常会与同学发生矛盾。

三年级的学生的自我约束力发生变化,从不自觉、不自控逐渐向自觉、内控转变,但在学习和人际交往中,控制情绪的能力有限,普遍出现粗心、磨蹭等不良习惯,须重视及耐心纠正。

2. 家长的教育观念和方式

家长是孩子的第一任老师。孩子和家长朝夕相处,耳濡目染,家长的生活态度、价值观念、行为操守、道德品质、交际原则影响着孩子的人格发展、道德发展、心理发展。每个家长都希望自己的孩子是最好的,但是忽视了孩子的个性差别,不同家庭的不同教育方式会带来不同的教育效果。

纵容型、忽略型、专制型三种教养方式既有可能造成孩子问题行为中的外化问题行为,如品行问题中的欺骗、争斗、攻击他人,也有可能造成孩子问题行为中的内化问题行为,如缺乏存在感、安全感和价值感,甚至出现情感冷漠的情况或是易被激怒、抑郁。家长的教养方式影响着孩子的心理健康,不当教养方式会造成性格障碍、行为障碍、情绪障碍、社会适应障碍、品德障碍等。教养方式不当,表现为在教育孩子的过程中,缺乏明确的、一致的指导原则,时而溺爱,时而严格,时而专制,给孩子的言传身教是混乱的,没有原则和规则可循。

面对这样的情况,教师应该了解具体的情形,与家长做好交流,指导家长学会教育孩子的一些方式方法,给孩子立规矩,让孩子有具体的规则约束,明白做事情的界限。案例中的多多,就是一个有外化问题行为的孩子,在指导其家长时,首先要了解家长的教育理念,结合家长教育理念及教育方式,通过真诚的交流、专业的指导,让家长意识到孩子出现的问题需要转变家长的教育理念来解决。

著名心理学者王人平给家庭教育总结了一条方程式:教育的成果 = 用心程度 × 方式方法 × 理念和思维方式。案例中的多多妈妈最初对于孩子的行为没有任何约束而只注重学习成绩,因此孩子出现了各种各样的行为问题。在与老师交流后,她也进行了深刻的反思,发现自己的教育方式过于简单粗暴,家庭教育存在问题。家长意识到问题的严重性后转变了教育理念,调整了教育方法,让孩子的状态有了很大的改变。

三、家庭教育指导要点

斯宾塞说过,孩子犯错后,家长如果不及时进行管教,便会给孩子强化这样一个印象,"孩子你没错"。莎士比亚也说过,容忍祸根乱源而不加纠正,危险已是无可避免。一个孩子前途的泯灭,往往是父母不管教而造成的。一个人的命运,藏在他的每一句话、每一个行为、每一个习惯中,孩子亦是如此。

(一)孩子问题行为的辨别

1. 问题行为

一般在社会生活中对他人造成困扰、危及人际关系安全心理距离的行为是问题行为,是需要约束的。比如,孩子初次融入集体生活后,不经过别人的允许私自拿别人的物品或是看见自己喜欢的物品就占为己有等行为,都是因为孩子在六岁前家长没有很好地帮助孩子养成物权归属意识。在幼儿阶段,家长应帮助孩子养成物权归属意识,要明确告诉孩子物品的所有人是谁,如果要用别人的物品,需要经过别人的同意。如果没有得到别人的允许私拿物品或用完未及时归还,这种行为是不对的。如果在幼儿阶段,孩子出现这种行为,家长没有明确表示这样做是不对的,孩子就不会具备这种意识。儿童受年龄及社会阅历的影响,对于未知的世界处于探索阶段。因此,很多行为如果家长没有明确告诉其边界,他们会认为是可以做的。因此,在幼儿阶段,家长就要明确告诉孩子什么事情可以做,什么事情不可以做。

2. 发展性问题行为

在现实生活中,随着孩子年龄的增长,某些问题行为会消失,这是发展性问题行为。发展性问题行为是孩子的成长性问题,随着年龄增长自然会好。比如,在学校上课不爱举手发言,完不成作业;再如有的孩子比较内向,不会主动与别人交流,来到一个新环境会比较拘谨;还有一些孩子好动坐不住,这些行为是不需要家长过多地去关注、去约束的。而问题行为是危及自身及他人的一些行为,随着年龄的增长也不会自然变好,需要家长给予明确的指导。

(二)问题行为的教育引导

1. 不同场合中的行为规范

孩子在不同场合中应遵循一定的行为规范。《弟子规》中就明确说明了为人子弟在家、出门、待人接物、求学应有的礼仪与规范,特别讲求家庭教育与生活教育。在家庭生活中,以孝字为先。要听从长辈的教导,不与长辈顶嘴,如有意见不统一时,用礼貌的语言进行交流;友爱兄弟姐妹,不任性,不乱发脾气;就餐时,要等长辈落座后方可动筷,吃饭时不发出声音;外出时,要与长辈打招呼,征得家长的同意后方可外出。

在班集体等群体活动中,要遵守中小学生的日常行为规范,听从老师的教导,遵守课堂常规,尊重老师,不与老师顶嘴,虚心接受老师的教诲。同学交往中,要尊重他人,与同学友好相处,不讽刺挖苦别人;与同学出现矛盾时,能用文明的语言沟通交流,不进行语言攻击等;不经过同学的同意不能私自拿别人的东西,更不能去随意翻动别人的物品;与人相处要讲诚信,出现错误要及时改正。

在一般公共场合中,要遵守公共场合的礼仪,不大声喧哗,服从公共场所管理规定。面对陌生人要谦逊、有礼貌,不接受别人的物品,更不能私自乱动别人的物品,即使自己喜欢,也不能占为己有。与人讲话时,要有眼神的交流等。

2. 对孩子的行为指导

(1)做事立规矩,要求讲具体。作家彼得森说过,小孩子就像寻找墙面的盲人一样,需要不断地前进和尝试,然后才能发现边界在哪里。父母给孩子立规矩,孩子才有边界感,才能知道什么可为、什么不可为。根据孩子的年龄阶段、心理特点,设定符合他们发展特点的规则。明确孩子在当前这一阶段,认知、语言、社会交往能力发展的具体目标,确定合理的期望值,不对孩子提出过高的要求或给予过分保护。做事前先对孩子讲清楚要求,明确说明该做与不该做的内容,告诉孩子,这就是规矩。比如,教孩子保持个人卫生时,就应该直接告诉他,打喷嚏时用纸巾遮住口鼻,咳嗽时不要冲着别人,而不是事后批评孩子。再比如,和孩子外出过马路时,告诉孩子过马路要走人行道或过街天桥、地下通道,这就是交通规则,遵守交通规则是安全"防火墙"。

(2)规矩有主次,做法要明确。有人说,一个家庭没有规矩,比贫穷更可怕。规矩是对孩子成长的正确约束,事事有规矩,时时讲规矩,是正确的做法。但对于孩子来说,规矩太多,反而束缚了孩子的成长,所以规矩要有主次之分。首先,涉及人身安全与身体健康的规则是最重要的。比如,在学校与同学发生矛盾时不能打架、骂人、咬人等。其次是社交规则。比如,没有经过别人的允许,不能私拿别人的物品,更不能破坏别人的物品;与同学相处时不讽刺、挖苦别人;在别人休息时保持安静,做到不打扰、不给别人添麻烦。再次,礼仪规范也要说明。比如,吃饭时不发出声音,吃完饭后要及时收垃圾。这样把规矩分为不同的层次,孩子的生活才会张弛有度。在跟孩子交流这些规矩时,一定要明确告诉孩子正确的做法,这样孩子就有清晰的行事规则了。

(3)奖惩要分明,宽严要并济。教育家卢梭说过,我们不能为了惩罚孩子而惩罚孩子,应该使他们觉得这些惩罚正是他们不良行为的自然后果。所以,对待孩子要奖惩分明、宽严相济。惩戒不代表体罚,也不是变相体罚,而是更为合理的惩罚措施,有一定力度,并能有好的教育效果。惩戒的目的是培养孩子的责任心,帮助孩子养成基本的规则意识。在问题出现之前,家长应当和孩子一起讨论并制定惩戒细则,需要明确告诉孩子出现相应情况时要采用何种惩戒措施。在实施惩戒教育时,不仅要让孩子明白受到惩戒的原因,更要明白实施惩戒的根本目的,努力使惩戒实现教育效果的最大化。如孩子随地乱扔垃圾,就可以让孩子直接参与家庭的卫生扫除;屡次不完成作业,经过再三提醒仍然没有效果的,到房间里站着静思。如果孩子做得好,就可以给予书等物品的奖励。

(4)语言多正面,遇事提建议。在与孩子讲规则的时候,要用孩子能听懂的语言,讲明白规则的内容及讲规则的重要性与必要性。与孩子交流时,多用正面的语言,少用"不"。家长采用建议或用商量的语气,引导孩子正确处理问题,孩子更容易接受。

(5)身教加言传,示范更有效。有人说,育子就是育己。托尔斯泰也曾说过,全部教育,或者说千分之九百九十九的教育都归结到榜样上,归结到父母自己生活的端正和完美上。俞敏洪也说过如果家庭是一台复印机,父母是原件,那么孩子就是复印件。这些都说明了父母对孩子的影响之大。所以,想让孩子成为什么样的人,那你就先让自己成为那样的人。比如,要教孩子懂礼貌,我们就要教给他懂礼貌的方法,不能用粗鲁的方式对待孩子。平时家长与孩子讲话时眼睛要直视,语气要平和,不要随意打断孩子的讲话;如果孩子打断家长的谈话,就可以告诉他:"我希望能把话讲完。"得到别人的帮助,要及时表示感谢。这样的方式似春风化雨,润物无声。潜移默化中,孩子就学会了礼貌待人。

(6)故事立榜样,沟通有技巧。孩子都喜欢听故事,而故事在孩子的成长中有非常大的帮助,尤其是在孩子的性格塑造和习惯养成方面,一个好的故事能够引导孩子了解如何管理自己的情绪,如何处理与朋友之间的矛盾等。如案例中的多多,她看见自己喜欢的东西,不经过别人的允许就去拿。面对这样的情况,家长要了解这个年龄段孩子的心理特点,根据孩子的心理特点及生理特点,找到适合孩子的教育方式。小学阶段儿童非常喜欢听故事,可以把好的行为习惯通过故事讲给孩子听。比如,孩子总是喜欢嘲笑别人,那就可以给他讲《骄傲的孔雀》,然后问问他:"你喜欢这只孔雀吗?为什么?"孩子听故事后就会反思自己身上的不足,潜移默化中就受到了教育。故事对于孩子来说,不仅是故事,而且是正确的引导。故事不仅可以激发孩子阅读的兴趣、拓宽思路,而且能影响其为人处世的态度。

要经常给孩子讲励志故事,如黄大年、南仁东、袁隆平、屠呦呦的故事,他们为国家做出巨大贡献的事例可以激发孩子对这些科学家的崇敬,帮助孩子树立正确的人生观与价值观。

(7)责任有担当,约束助成长。媒体曾报道过深圳一名小男孩因为淘气,把超市的红豆、绿豆混在一起。母亲看见后,要求他将豆子重新分类,母子二人整整挑了两个小时还没有挑完。这位妈妈在孩子犯错后,并不只是口头教育,而是让孩子用行动弥补错误,引导孩子承担责任,而男孩也在这两个小时中,明白了自己的行为带来的后果。生活中孩子犯错,就需要他自己去承担后果。比如,破坏了别人的物品,就需要他自己去道歉并照价赔偿别人。虽然现在不鼓励打骂教育,但管教孩子,"痛"是必然存在的。

父母理智地科学地管教孩子,孩子未来的路就会走得更顺畅。梁启超说,人生百年,立于幼学。孩子的命运走向,取决于他幼时受过怎样的教育。教育最终是为了孩子以后的发展。

四、教学参考

【活动目标】

1. 指导家长明确规矩与约束在孩子成长过程中的重要性。
2. 指导家长学会给孩子制定规矩,约束孩子的不良行为,使孩子形成良好品行。

【活动时间】

40分钟。

【活动材料】

阅读材料、课件PPT。

【活动方法】

小组讨论、案例辨析。

【活动过程】

1. 出示案例,默读思考。

(1)案例中多多出现的问题,属于什么问题?

(2)自己孩子身上有没有这些问题?其根源是什么?

（3）面对这些问题，我们应该怎样解决？

2. 家长选择其中一个话题进行交流。

3. 小结：孩子出现这些问题的原因是什么？

4. 分组交流：应该给孩子立什么规矩？怎样立规矩？

5. 集体交流：通过本节课的交流，大家有什么感受？教师随时点拨。

6. 总结："矩不正，不可为方；规不正，不可为圆。"孩子懂得用规矩约束自己，才能行为有尺度，适应集体生活。

【活动提示】

在活动中，围绕以下关键问题进行充分讨论。

1. 规矩与约束对孩子的影响是什么？

2. 我们应该如何给孩子立规矩？

主题 13　培养小学生的生活管理能力

生活管理能力属于自我管理能力的范畴,是儿童按照外部要求对自己的生活进行规划、控制的能力。一些孩子出现做事情丢三落四、记不住作业等现象都是缺乏自我管理能力的表现,自我管理能力是小学低段孩子必须发展的能力。在本主题中,教师帮助家长学会培养孩子的生活管理能力。

一、案例描述

二年级的若轩聪明可爱,但做事极其拖拉。每天早晨,妈妈都要上演"河东狮吼"。面对一遍遍的催促,他都无动于衷。等妈妈发火后,他才慢吞吞地起床,慢吞吞地洗刷、吃饭,还经常会出现衣服穿反、饭渣掉一地等现象。

课堂上,十几分钟就可以完成的作业,他却需要好多个十几分钟才能完成,而且书写字迹潦草。若轩不仅在学习上拖拉,在其他方面也比其他同学落后很多。比如,中午时,别的同学早已经吃完饭、休息了很长时间,他的饭菜才刚吃到一半,加上他掉的饭渣较多,收拾餐盘和餐桌又要多用时间,等他回到午休室时,其他同学早已进入梦乡。

教室里,若轩不会收拾书包和书桌,桌面脏乱,时不时有纸团从他桌洞里掉出来。他的个人卫生区经常被值勤的同学扣分,给小组拖后腿。对他来说,拧抹布、倒垃圾都是技术活儿,班里的同学都不愿意和他在同一个值日组,大家嫌他动作慢,打扫卫生不干净。每到值日这一天,若轩总是找各种理由不想去学校,父母以为他是想逃避劳动,会不由分说地拖他进教室。若轩爷爷听说后,还曾偷偷地跑到学校替他值日。

对于若轩的种种表现,班主任看在眼里,急在心里,与家长及时进行了沟通。通过沟通,班主任了解到,若轩的父母都是独生子女,若轩小时候是在双方老人家里长大的,老人们唯恐孩子有一点委屈和闪失,把所有的爱和精力都倾注在他身上。

其实,若轩是一个模仿力非常强的孩子,刚开始他看到奶奶做饭时,特别想学奶奶择菜,但奶奶看到若轩手上沾满泥巴,身上掉了菜叶,分不清楚菜叶与菜根而统统放进洗菜盆,她心痛又心烦,一把夺过若轩手中择了一半的菜,告诉他:"你去写作业吧,别在这里添乱了。只要每次考试都得100分,就是好孩子,这些活儿等你长大了再干。"

还有一次,若轩自己倒热水时,不小心把水杯摔碎,小手划破了,到医院缝了好几针,这可把爷爷奶奶心疼坏了。从此,爷爷奶奶更是把若轩保护起来。若轩过上了衣来伸手、饭来张口的生活。

若轩的父母都是高学历,对孩子的期望值很高,给若轩报了奥数、阅读、钢琴、主持等多个辅导班。他们对于培养若轩的生活自理能力不太重视,感觉这些都是小事,孩子长大后自然就会做了。

了解到这些情况后,班主任确定,若轩生活管理能力差与家长的教育方式有直接的关系。班主任告诉若轩父母:生活自理能力的培养需要从小开始,针对孩子的心理和年龄特点进行训练。班主任与家长约定,先让若轩从简单的家务开始学起,如收拾自己的小书桌,洗自己的小袜子,自己系鞋带。家长和孩子一起制订切实可行的计划,家长做好示范,给若轩反复练习的时间。当孩子掌握一项技能后,帮孩子估算出做这件事情需要的时间,定好小闹钟,如果孩子在闹钟响起前完成工作,就视为挑战成功,家长要及时给予其表扬和鼓励,老师也会在班级的光荣榜中,给若轩贴上一枚他期待已久的"小星星",以此督促和鼓励孩子。经过一段时间的训练,若轩在生活自理能力方面有了很大的提高,基本能在规定时间内完成任务。相信经过不懈的努力,若轩最终会彻底告别拖拉的坏习惯。

二、案例分析

案例中的若轩绝不是个例,而是目前我国小学生的一个缩影。这些生活管理能力极差的孩子,长大以后连照顾自己都将成问题,又怎能期待他们去照顾别人,更谈不上为国家、为社会做出更大的贡献。

生活管理能力是一个人应具有的最基本的生活技能,要从小锻炼和培养,使其能够独立完成生活中的一些自我服务。

(一)生活管理能力差对孩子的影响

1. 有压力

有些孩子之所以抗压能力差,就是因为他们的生活管理能力差。他们经常没有办法把眼前的事情顺利地解决,正因如此,他们渐渐地不敢也不想面对各种各样的困难。一旦眼前出现困难,其第一选择就是逃避。案例中,若轩想逃避值日,因为他没有掌握打扫卫生的技巧,所以每当他值日的这天,特别害怕去学校,因为这让他在同学和老师面前很自卑。

2. 不自信

生活管理能力差,会导致部分孩子不自信。他们觉得仅靠自己的能力是没有办法解决任何问题的。每当遇到问题时,他们就会出现"我有能力去解决这些问题吗""我能行吗""我敢试吗"等一系列不自信的念头。抗压能力差和不自信是相伴而生的,一般来讲,抗压能力差的孩子都会不自信。

3. 依赖别人

生活管理能力差的孩子,最大的特点就是他们在遇到困难的时候,喜欢依赖别人,依赖性比较强。在家里,他们会把父母当作自己身后的大树;在外面,他们只能委曲求全,顺从别人的意见,没有自己的主见。案例中的若轩,从小被家长保护在手心里,他也习惯于家长帮他安排一切,没有自己的主见,依赖家长。父母的过度管教和过度保护,使很多孩子成为"巨婴",在集体生活和社会生活中无所适从。所以说,孩子没有良好的生活管理能力,对于他们今后的健康成长是有严重影响的。

(二)孩子生活管理能力差的原因

1. 家长过分溺爱

如今很多家庭都将孩子作为家庭的核心,家长舍不得让孩子吃苦受累。在家长的过度保护下,孩子的生活管理能力越来越差。其中,隔辈抚养是主要因素之一,现在很多年轻父母愿意把孩子交给双方的老人抚养。少了父母的监督,再加上老人的溺爱,孩子变得自由散漫,身上的许多坏习惯纠正起来很费劲。案例中的若轩被四位老人无条件的爱包裹着,老人不仅在家里对他的饮食起居做到全方位"服务",甚至还到学校替他值日,正因为这种溺爱,才让他养成了过度依赖的习惯。

2. 家长偏重成绩

多数家长认同高学历是孩子步入社会的敲门砖,认为学习是重中之重,学习成绩是高于一切的。为了让孩子一心用在学习上,他们毫无怨言地承担起了全部家务劳动,包括一些孩子力所能及的事。家长大包大揽,让孩子在生活中的自主意识十分薄弱。案例中若轩的家长不惜金钱与时间,给他报了各种特长班,却忽视了最应该培养的是孩子的生活管理能力。父母信奉唯成绩论,忽视了对孩子生活管理能力的培养,这就造成了孩子有"脑"无"体"的畸形发展,不利于孩子全面进步。

3. 疏于指导

小学低段儿童对世界的一切充满好奇,有模仿大人做家务的意愿。如案例中的若轩择菜时,分不清菜叶和菜根;想给自己倒杯水,把水杯摔碎了。这是因为他没有做家务的技巧和经验,家长缺少对他的指导,从而使他错过了学习的时机。孩子做不好事情时,内心很沮丧,常常在失败的同时,还会受到家长的训斥,时间久了,就会对做家务形成负面的心理感受。

(三)小学生应该具备的基本技能

1. 生活自理能力

生活自理能力是指孩子独立进行饮食起居活动的能力,主要包括衣、食、住、行、做简单的家务等,如洗脸刷牙、梳头、洗袜子、铺床叠被、整理文具。很多儿童进入小学前在家长的指导下具备了一些简单的生活自理能力,但在小学阶段还要继续加强这方面的能力培养。

2. 合理消费能力

随着家庭生活水平的提高,父母会给孩子一些零花钱,如何培养孩子合理消费并养成勤俭节约的习惯成为一个重要课题。目前,很多小学生的零花钱主要用于买零食和玩游戏,很少用于购买必需品与学习用品,这反映了他们还是未具备合理的消费能力。

3. 时间规划能力

培养小学生的时间规划能力对于帮助他们形成正确的时间观念具有重要意义。家长应该有意识地培养孩子合理安排学习和生活的能力,包括每天的时间安排及假期计划等。

4. 自我保护能力

很多小学生缺乏自我保护意识、安全意识和求助技能,遇到紧急情况时,造成了严重后果。家长应该培养孩子预防和处理意外事故的能力,使其熟悉交通安全规则、自助技能和求助技能。

5. 生活常识

生活常识不等于生活技能,但是与生活技能关系密切。生活常识反映了学生了解社会、文化、生活的程度,包括礼仪常识、旅游常识、报警常识、保险常识等。

三、家庭教育指导要点

家长要善于培养学生的生活管理能力,在家庭生活中应当注意教育孩子自觉地调整自己的行为,而不是事事依靠父母的督促、管理,让孩子认识到主动进行自我管理的重要性。

(一)培养孩子的家务劳动能力

1. 树立家庭责任感

家长应该教育孩子认识到自己是家庭一分子,有责任和义务为家庭做一些力所能及的事,如扫地、洗菜、擦桌子。有部分家长经常走入一个误区,会问孩子:"宝贝,今天能帮妈妈扫扫地吗?能帮妈妈……"这种引导会让孩子以为做家务是帮爸爸妈妈干活儿。家长也不要以"贿赂"的手段利诱孩子做家务劳动,否则当没有"实惠"时,孩子就不愿干家务了。还有一部分家长,由于烦于指导,在孩子尚小时不愿意让他们参与家务劳动,当他们觉得孩子已经足够大、可以做家务的时候,才开始让孩子做家务,结果发现孩子根本不愿做。如果孩子从小就被要求做家务,他们会自然而然地愉快接受,不会当成额外的负担。

2. 分配固定劳动项目

家长要创造时机,指导孩子做一些非常简单的事情,比如,父母在洗衣时,可以指导孩子洗手帕、袜子等小物件;父母打扫房间时也让孩子参与其中,帮助父母整理小件物品。家长应对孩子进行家务劳动分工,为子女分配固定的家务劳动项目,如可以让他们打扫房间、洗自己的小衣服;孩子再大一点时可以教他们使用一些简单的工具,美化学习和生活环境。父母对孩子的要求不应该太高、太严格,而应该根据孩子的能力,确定孩子参与家务劳动的内容和时间,让孩子一点一点地进步。

3. 自己的事情自己做

小学低段的孩子刚开始面对学校生活,需要掌握一定的生活技能,以迎接挑战。这个年龄段的孩子可以做很多事情,比如整理自己的书包和衣服、打扫自己的房间。父母应该让孩子逐渐养成自己做事的好习惯,引导孩子的兴趣,不要盲目说教,要给孩子具体的引导和正向的鼓励,让他会做、喜欢做。例如,教孩子整理书包时,应告诉他按课程表准备第二天要用的课本和练习册,准备好文具;教孩子正确使用书包,书包有好几层,要学会分类使用。

4. 家长不要"一手包办"

孩子在做家务的过程中,不可避免地会有这样或那样的问题出现,例如,洗碗时浪费水;洗袜子洗得不干净;打扫卫生碰坏花盆;在扫地的时候,由于用力不均或握不住扫把,经常东一下、西一下地扫不干净。这时候,只要孩子不是故意破坏或是偷懒,切忌大声斥责。父母应及时指出孩子做得好的地方和需要改进的地方,鼓励孩子继续干下去。同时,帮助孩子进行分析,找出失败的原因,启发孩子细心观察,总结经验,改进提高。家长不能因孩子做得不好而急于一手包办,这样孩子永远得不到锻炼,自理能力也得不到提高,反而会让孩子产生依赖感。

5. 家长要及时评价

孩子做家务时,家长给予及时评价是相当重要的。评价可以分为短期评价和长期评价两种方式。短期评价以是否掌握某一项家务技能或者是一天内的活动作为评价周期。对孩子评价时,要让孩子主动参与到自我评价的过程中,便于孩子真切地看到自己的努力成果,以更有效地激发孩子参与的积极性。长期评价以一个星期、一个月或者是一年为周期,这样能更加清晰地展现孩子的成长轨迹,让孩子学会整体看待自己的努力成效,也能在比较中体验到自己的进步。

6. 家长要耐心引导

家务劳动习惯的养成必须坚持不懈、耐心引导。当孩子开始做家务时,常常做得很慢,也会出现各种状况,家长应该教他们如何耐心地做,并鼓励他们不要放弃。有的父母一时心血来潮,让孩子做家务,看到孩子做得不好时就对孩子大喊大叫,这样做只会打消孩子做家务的积极性,让他们形成一种"你做得好你去做"的心态。同时,家长要做好孩子的榜样,平时做家务太累或讨厌做家务时,不能在孩子面前发牢骚,以免给孩子造成做家务很烦的印象。心理学家发现,形成一个好习惯需要21天,而重复90天才能形成一个稳定的习惯。为此,家长可以与孩子一起开展"我是生活小能手——21天自理能力发展计划打卡"活动,帮助孩子提高自理能力,锻炼意志力。

(二)培养孩子的合理消费能力

家长要帮助孩子从小养成正确的消费观念,并且将其充分融入日常生活中,指导孩子有计划地使用、支配金钱,让孩子知道金钱是一种工具,要通过努力获得,让良好的消费习惯能够深植于孩子心中。

1. 让孩子了解家庭经济状况

家庭经济生活是家庭生活的重要内容,钱要用到该用的地方,这里面有很多学问。家长要让孩子了解家庭收入情况,参与到家庭经济管理中,让孩子了解家里日常的必要开支和家庭月存款的额度等,养成勤俭节约的良好习惯。同时,家长要有计划性地消费,勤俭持家,对子女进行潜移默化的影响。

2. 教孩子合理使用零花钱

小学低段的孩子对金钱已有了认识,禁止孩子花钱,不仅不能使孩子控制花钱欲望,反且会使孩子对金钱的欲望更强。在这种情况下,如果适当地给孩子一点零花钱,并指导孩子正确使用零花钱,便会有效地约束他们不合理的用钱行为。家长教育子女合理使用零花钱时要注意如下几点。

(1)给孩子的零花钱要适量,不宜给得太多,以免养成孩子花钱大手大脚的习惯。

(2)给孩子零花钱的同时,要教育孩子养成勤俭节约的好习惯。

(3)给孩子零花钱要明确用途,对于不当消费要及时指出。

(4)教育孩子不得未经家长同意,随意从家中拿钱消费。

3. 指导孩子正确购物

家长在平时购物时带孩子一起参与,孩子年龄稍大后可让孩子单独购物。在指导孩子购买商品时要注意以下几点。

(1)保护好钱财。家长要教会孩子把钱放在安全的地方,在人多的场所要小心把钱保管好,买东西要先问清价格再付钱。

(2)学会挑选商品。如果要购买不熟悉的商品,需要在购买前了解其大致规格、质量及价格。

（3）知道"货比三家"。带孩子到商店或市场看看，学会辨别商品的优劣，通过比较分析，选择称心如意的商品。

（三）培养孩子的时间管理能力

1. 制定作息表

小学低段孩子做事磨蹭很大程度上是因为他还们没有时间观念，也不知道时间对自己来讲意味着什么。家长可以与孩子一起制定日常作息表，记录每天早晨穿衣、盥洗、吃饭等所用的时间，让孩子监督自己有没有磨蹭现象，父母也要参与监督。

2. 鼓励表扬

很多家长看到孩子磨蹭，就会不断地催促，结果是越催促，孩子的动作越慢，家长就更生气。家长不妨换一种思路，看到孩子有点滴进步就表扬。如果父母能经常对孩子说"你如果再快一点儿就更出色了""你现在比过去有进步了""你真了不起，现在用不着妈妈提醒你了"，孩子就会有意识地提醒自己不再磨蹭。

3. 适当惩罚

只有让孩子体会到磨蹭带来的损失之后，他才能够自觉地快起来。因此，让孩子为自己的磨蹭付出代价，不失为一个改掉磨蹭习惯的好方法。比如，孩子早晨起床后磨磨蹭蹭，家长不要急，更不要帮他，让孩子亲身体验上学迟到的后果。孩子如果真的迟到了，老师肯定会询问他迟到的原因，孩子挨了批评后自然就会加快速度。家长也可以提前与孩子商定适当的惩罚措施，比如在规定的时间内没有完成某项任务，就取消周末外出郊游的机会或者取消孩子想要达成的某个愿望，这样就会让孩子认识到磨蹭的害处。

4. 自主时间

小学阶段儿童做作业磨蹭的一部分原因是，许多家长望子成龙心切，在孩子完成作业后，经常给孩子增加额外的任务。孩子心里很不情愿，于是就想出了磨蹭的招数。孩子自己有一笔账："我做得越快，任务越多，反正也不能出去玩，不如索性做得慢一点。"

家长应该把孩子节约出来的时间还给孩子，比如写作业一共要半小时，那么就给孩子半小时的时间，如果孩子在规定的时间内保质保量地完成了作业，余下的时间就可以由孩子自己支配，可以玩他喜欢的玩具，或者进行一会儿体育锻炼等。养成这样的习惯以后，孩子会抓紧时间完成作业，因为早写完自己就有更多自由支配的时间了。

在时间管理方面，家长可以与孩子一起规划活动，并预设相关的活动时间和结果。在孩子开展活动时，家长可以与孩子同步进行，还可以采用竞赛的方式激发孩子参与的积极性，并及时评价孩子的完成情况，以正向鼓励引导孩子，凸显示范引领的作用。

（四）培养孩子的自我保护能力

1. 树立安全意识

小学低段孩子年龄还小，没有丰富的生活经验和人生阅历，可能会因为没有常识，去挑战一些极其危险的事情，甚至有可能危及生命。家长有足够丰富的生活经验和人生经验，应该时常对孩子进行安全意识教育，丰富孩子的社会经验，增长孩子的见识。要教孩子安全使用水、电、煤气，远离危险活动区，不要爬高窗户和阳台，不要在池塘湖边玩耍，放学后第一时间回家，学会看红绿灯和安全过马路等日常生活安全知识。家长也要给孩子看一些因为不懂得自我保护而导致受伤害的案例或是社会新闻等，让孩子清楚地意识到这个社会是存在很多风险的，进而向孩子普及相应的应对措施。

2. 建立界限意识

家长要在适当的时机给孩子科普生理知识，让孩子了解自己的身体，并教孩子学会保护自己的身体；让孩子认识到任何人都不可以在没有经过自己的同意下随意触碰自己，任何让自己感受到不舒适的肢体接触，都是可以拒绝的，哪怕对方是你特别熟悉的人。家长在教育孩子尊重和保护自己的同时，也要学会尊重其他人，不要侵犯到其他人的底线。

家长要教孩子学会区分好人与坏人，面对陌生人时，孩子应该提高警惕，不要接受陌生人给的小恩小惠。另外，家长也要培养孩子正确的是非观，教孩子判断一件事情是否可行。

在培养孩子生活管理能力的过程中，不可避免地会出现各种问题，家长一定要理性面对、辩证剖析，切不可简单粗暴地处理。比如，当发现孩子没能准时完成某项任务时，要倾听孩子的心声，了解背后的原因，并鼓励孩子自己采取补救措施。总之，家长要以尊重孩子为前提，以鼓励完善为原则，不断激发孩子自我管理的意识，提高其自我管理的能力。

四、教学参考

【活动目标】

1. 帮助家长认识到培养小学低段学生生活管理能力的重要性。
2. 帮助家长了解生活管理能力差对孩子的影响。
3. 指导家长学会选择和运用适合自己孩子的教养方式，培养孩子的生活管理能力。

【活动时间】

40分钟。

【活动材料】

阅读材料、视频、A4纸等。

【活动方法】

小组讨论、合作表演。

【活动过程】

1. 案例分析，达成共识。出示案例，让家长结合案例谈一谈自己孩子的情况，了解生活管理能力差给孩子带来的影响。

2. 剖析原因，引发思考。家长分小组讨论，分析目前孩子生活管理能力差的具体原因。

3. 方法探究，科学指导。老师引领家长讨论交流，找到培养孩子生活管理能力的方法。

4. 总结提升，学以致用。家长讨论后，交流本节课的心得体会，并选择一个上课伊始提出的问题和困惑进行解决。

【活动提示】

在活动中围绕以下问题进行充分讨论。

1. 你的孩子具有生活管理能力吗？
2. 家长应该从哪些方面培养孩子的生活管理能力？
3. 家长在培养孩子生活管理能力的时候应该注意什么？

主题 14　教孩子管理时间

时间管理能力也属于孩子日常自我管理的范畴。时间管理能力的形成是儿童发展内部力量与外部教育共同作用的结果。当儿童开始学校生活后，散漫的、随心所欲的慢节奏生活逐渐被有计划的快节奏生活所替代，时间管理能力的培养也迫在眉睫。本主题中，教师要教给家长多种策略方法，帮助家长解决孩子做事磨蹭、做作业拖沓的问题。

一、案例描述

文文是一个二年级的小男孩，浓眉大眼、聪明伶俐、非常可爱，老师和同学们都非常喜欢他。但文文做任何事情都非常拖沓。同学们15分钟就完成的学习任务，他得需要1个小时；在学校里，无论是收拾书包、摆放桌椅还是站队做操，他都是最后一个完成，而且动作慢吞吞的。大家经常在交作业或是放学站队的时候等他一个人，很多同学因此对他不满。文文也很着急，尝试过一些方法，但就是提升不了速度。而且，他虽然作业交得晚，但书写认真，正确率也高，也并未和同学玩耍耽误时间，可是速度还是慢。

班主任多次联系其家长，希望一起努力找到方法帮助孩子。文文爸妈也很着急，说孩子在家里也是如此，但苦于找不到良方。看到孩子也为自己慢吞吞的样子感到着急，爸爸怜爱地称他"小蜗牛"。在学校投射性心理绘画评估中，文文也认真地画了一只可爱的小蜗牛。

有一天早晨，文文起床就用了一个多小时，害得全家都跟着迟到了，爸爸妈妈实在受不了，觉得必须解决这个问题。妈妈认为孩子有拖延症，要带孩子到医院去治疗。经过商量，后来决定还是先参加学校的家庭教育指导课程，利用科学的方法教育孩子，爸爸当天就报了名。但是，十次的家庭教育小团体课程已学习过半，连导师郭老师都没能找到帮助文文的有效方法。在课程中，家长们各自诉说着自家孩子成长和教育方面的困惑,文文爸爸反而给大家提出了很多有智慧的教育建议,但就是解决不了自家的难题。郭老师和文文爸爸一起探讨了很多影响因素,例如贪玩、注意力不专注、情绪干扰,但最终又都逐一排除了。

已上了六次家庭教育课,文文爸爸却迟到了四次。相同的急促奔跑脚步声,同样的道歉话语和愧疚的表情,不同的迟到缘由,小组的其他家长似乎已经习惯了他的迟到状态,听到文文爸爸诚挚的道歉,大家没有责备,微笑地听他解释,这让文文爸爸更加愧疚。小组分享活动中,文文爸爸说自己也有起床困难症,伴随着文文爸爸声情并茂的讲解,大家从笑成一团到若有所思。

随后,文文爸爸进一步反思了自己的行为模式,儿子的很多拖延特点和习惯同样都在自己身上发现了。改变"小蜗牛"的有效方法之一就是爸爸首先不要再进行"蜗牛行动"。在此基础上,对孩子进行一系列的积极教育引导,其速度自然快了起来。一学期之后,郭老师再次对文文进行了绘画心理评估,这次,文文虽然还是画了一个可爱的蜗牛,但他给画起了一个名字叫"急速蜗牛"。其他老师也反馈,文文各方面都取得了进步,笑容和朋友也比以前多了。

二、案例分析

(一)科学认知拖延现象

拖延是指做事处理不迅速,故意延长时间。它是一种有目的的推迟。拖延使目标任务在最后期限内无法完成,或者目标任务在最后期限内才刚刚启动。

拖延是一种状态,并不是一种真正的疾病。但是拖延的后果往往是有害的,也是可以避免的。拖延现象在青少年人群中是一种普遍存在的现象。拖延症是指经常性的、比较明显(甚至较为严重)的自我调节失败,在能够预料后果有害的情况下,仍把计划要做的事情往后推迟的一种行为。严重的拖延症会对个体的身心健康带来消极影响,如出现强烈的自责情绪、负罪感,不断的自我否定、贬低,并伴有焦虑症、抑郁症等心理疾病,一旦出现这种状态,需要引起足够的重视。

在家庭中,一般来讲,孩子的拖延并非病理性的疾病,而是经常性地、故意地延迟一些事情的完成,甚至不去完成。案例中,文文在生活各方面都是正常状态,只是行为模式上有拖延的表现,这就排除了病理性因素,无须到医院去进行病理性的治疗,而是需要改变家庭教育策略。

(二)儿童常见拖延行为的原因

拖延是儿童的天性,他们对时间是没有认知概念的,6岁以后的孩子才慢慢对时间有初步认识。在同一年龄段、同一发展水平的儿童之间,拖延行为的发生经常与下列因素有关。

1. 大脑发育不成熟容易导致儿童行为磨蹭

人脑的额叶部分占整个大脑半球面积的25%，它是人最复杂的心理活动的生理基础，负责计划、调节和控制人的心理活动，对人的高级的、目的性行为有着重要作用。前额联合区与注意、记忆、问题解决等高级认知功能有密切关系，也与人格发展有着密切关系。小学低段的儿童，大脑额叶还未发育完整，容易出现注意力分散和磨蹭等情况，如果这个时候家长不顾及孩子正常的生理发育特点，任意批评指责，孩子会感到很委屈。

2. 孩子的性格特质不同，做事效率会有差异

孩子的性格特质不同，有的孩子属于慢性子，做什么事情都慢，但是这部分孩子做事非常细心，努力追求完美。这部分孩子天生自我要求高，内在压力大。从他们的作业情况看，这样的孩子往往写作业的速度慢，但正确率高，写字整齐规范，作业本整洁，日常自我管理有序。正如案例中的文文，他虽然作业写得慢，但是书写认真，正确率也高。有的孩子写作业的速度很快，但是错误率高，字迹潦草。由此可见，有时候速度快并非一定是好事。

3. 性别、兴趣等因素也会影响到做事的速度

在生活中很多家长会发现，男孩普遍比女孩需要更多的叮嘱和明确的指令要求，无论做什么事情都要催很多遍，这种"磨蹭"也存在着性别差异。心理学研究表明，女孩普遍对声音更敏感，男孩则普遍对动作更敏感。此外，当孩子遇到自己感兴趣的事情时，速度就会加快；反之，当遇到自己不喜欢做的事情时，就容易拖延，其深层含义是可能会有阻抗、逆反、排斥、依赖等心理学行为意义。

4. 学习的转型容易造成拖延

小学低段学生的教育教学重点放在习惯的培养和对各种知识的初步认知上，因此，学习的内容和深度有限。中年级开始，所学学科知识的深度、广度都比低年级增加了很多。此外，教师的授课方式及学习方法等方面都有诸多变化。如果说之前的教育多是授之以鱼，那么中年级开始则更注重授之以渔。因此，从三年级开始，很多孩子会在一段时间内变为"小蜗牛"，这其实是孩子适应学习方式和成长变化的一段适应期，升入四年级后便开始逐渐好转了。

5. 策略性拖延

有时，孩子也会故意用"拖延"来躲避一些事情。例如，把难题做完了，却被简单题给"难住"，或者经常用"正在学习"等借口来躲避家务劳动。这些行为就是孩子们惯用的策略性拖延。究其原因，是父母给孩子不停地增添任务，引发了孩子的不满情绪，从而表现出行为反抗。例如，父母想培养孩子的动手能力，假期也不让孩子闲着，美其名曰"培养技能"，但孩子感受到的是做不完的事情，没有自己休息和娱乐的时间。有时候孩子以为做完当下的任务就会有时间休息，没想到，父母看孩子动作很快，于是

又开始安排新的任务。这样不断地增加任务,便会引发孩子的不满情绪。

6. 不同教育类型和养育方式的家长,都会培养出"慢孩子"

(1)"急父母"容易养育出"慢孩子"。很多"慢孩子"都有着急性子的养育者。在孩子的成长过程中,他们的角色有点像监督员。比如,他们常坐在旁边"监视"孩子写作业,孩子一旦出现一丁点儿错误,他们就劈头盖脸地一顿斥责。当孩子长期处于这种高压环境下,又不能直接反抗时,就会变得越来越慢。这种"慢"其实是一种无声的反抗。一开始,孩子只是有点慢,随着家长不停地催促,他们会变得越来越慢。看到这种情景,父母们往往更加生气,于是,便更严厉地斥责孩子,令亲子关系进入一种恶性循环。因此,当孩子处于拖延状态初始阶段时,父母如何面对和处理非常重要。

(2)"慢父母"也易养出"慢孩子"。家长自身的言行和习惯对孩子行为习惯的养成有着重要的影响。在家庭教育中,孩子往往会模仿家长的言行。因此,如果家长自身有拖延习惯、时间管理能力差,处处给孩子树立一个不合格的榜样,孩子就会养成类似的坏习惯。

(3)惯用责骂方式的家长,孩子会阻抗。一些研究者通过研究发现,父母惯用责骂的方式时孩子会出现阻抗,常见情况如下:逃避任务和责任;父母的要求越多,孩子完成的结果越差;漏掉重要信息;生活习惯拖延(吃饭慢、上学迟到、做事磨蹭等);在没有病理特征的情况下,频繁诉说不适,并要求请病假等。

三、家庭教育指导要点

(一)尊重儿童的大脑发育特点

小学低段的孩子,大脑发育进入高峰期,有时在家长眼里孩子的磨蹭、胡闹等行为,其实是因为孩子的大脑正处在发育阶段或他正在探究感到好奇的新鲜事物。如果这个时候家长不断地催促,孩子就会感到烦躁,也就失去了探索的乐趣,而且会破坏孩子的专注力和控制力,因此,家长要多一些耐心和陪伴,多鼓励、引导孩子。例如,在孩子专心做完某件事之后,家长对于孩子刚才的专注表现要多夸奖——"孩子,你做事真专心!""你写字真认真!""这次你整理书橱用了8分钟,比上次快2分钟呢。"家长也可以给孩子配备闹钟、计时器等时间管理工具,帮助孩子建立时间管理意识。

(二)尊重、接纳孩子的个体差异

1. 气质类型的差异及教育引导策略

气质类型是表现在某类人身上的、其共有的或相似的心理特性的典型结合。人的气质是有明显差异的。公元前5世纪古希腊医生希波克拉底将人的气质类型分为四种:多血质、胆汁质、黏液质、抑郁质。针对不同气质类型孩子的拖延情况,家长应采取相应不同的教育引导策略。

（1）多血质类型。这种类型的孩子具有活泼、热情、善于交际、有同情心、思维灵活等特点。他们容易接受新鲜的事物，但注意力容易转移，兴趣和情感易变化，体验性不深刻。当这类孩子出现拖延情况时，家长可以适当地给予较多的活动与任务，增加他们的体验感和领悟力，从而使他们从中获得更多的成长经验。同时，家长要教育孩子养成脚踏实地、专一和勇于克服困难的精神和品质，帮助孩子放慢步伐，认真扎实地做好当下的每件事情，例如保持作业本的整洁和书写工整。

（2）胆汁质类型。这一类型的孩子普遍热情、直爽、易兴奋和冲动，自我约束力弱，精力旺盛，情绪易急躁，思维简单。此类孩子如果拖延，常见原因是自我约束力弱，被别的事情吸引了注意力或者情绪急躁，不能持续性完成任务。家长要注意培养他们的自制力、专注力和持久力，遇到事情引导他们多思考，避免冲动，培养其情绪管理能力和行为调控能力。

（3）黏液质类型。这种气质类型的孩子不易激动、情绪稳定，注意力不易转移，善于忍耐，做事认真，属于实干型。但他们缺乏灵活度，容易循规蹈矩，对事物缺乏热情。黏液质类型的孩子出现拖延时，家长首先要考虑孩子是否真的遇到困难了，家长需要付出更多的耐心和时间，允许他们有充足的时间和空间去考虑问题并做出反应，鼓励孩子多尝试新事物，培养其勇于探索的精神和能力。

（4）抑郁质类型。这种气质类型的孩子情绪兴奋度低，对外界的刺激反应迟缓，具有行为孤僻、不太合群、非常敏感、观察细致、多愁善感、优柔寡断、善于察言观色等特点。这类孩子做任何事情都会"慢"，家长要更多地关心他们，关注其个人感受，多以情绪、情感作为切入点进行教育引导，鼓励他们多参加各种社会实践活动，多结交朋友，建立多渠道的积极正向的社会支持系统，避免当众指责等行为。

当然，大多数孩子的气质类型倾向于混合型，可能有所偏重，家长应根据孩子的具体情况进行区分。

2. 性别的差异及教育策略

心理学研究表明，男性和女性在认知、思维、言语、行为方式等方面都存在差异。例如，男性在空间知觉能力、抽象思维能力、言语推理能力、批判性和竞争性等方面优于女性；而在形象思维能力、词语的流畅性和情感表现力、合作性等方面，女性则具有优势。在性格方面，女性温柔细腻，男生刚正果敢。性别差异没有好坏优劣之分，更多的是一种个体生物遗传因素与环境交互影响，使不同个体之间在身心特征上具有不同特质的现象。对于拖延的男孩，家长要晓之以理，加强动作的指令和要求；对于女孩，家长要动之以情，加强情感的沟通与共鸣。

（三）科学利用兴趣因素，帮孩子"提速"

专注力是需要后天培养的，孩子的专注力与年龄、个人兴趣、周围环境以及家庭氛围等因素有关。

小学低段的孩子由于年龄小、大脑发育不成熟、自制力弱等因素,专注力难以持久,小学低段的孩子持续性专注的时间为10~15分钟。中年级开始,随着脑发育的逐步完善和个体良好行为习惯的养成,专注力持续的时间也会相应增加。家长要针对孩子的脑发育特点和行为习惯等特点,进行相应的教育引导。例如,小学低段的孩子特别渴望获得认同,家长可以经常进行赏识教育,但对孩子的表扬要真实、具体、及时,使孩子对自己的行为表现有明确的认知,从而强化正向行为及良好习惯的培养。

此外,小学低段孩子的优势学习特点是图像记忆,家长可以多利用这个特点加强对孩子的教育引导。父母还可以与孩子一起建立时间管理制度,督促孩子提高做事效率。家长要充分利用孩子感兴趣的事物调动其学习的积极性和主动性。在孩子学习的地方,要把容易分散注意力的玩具等物品拿走,给孩子创造一个安静、简单、整洁的学习环境。

(四)应对孩子策略性拖延的措施

如果孩子是策略性拖延,经常想方设法地逃避一些事情,家长首先要反思,自己对孩子提出的要求或发出的直接指令是否正确。又或者,是不是孩子遇到了困难而需要帮助。当遇到困难时,孩子本能地会趋利避害,容易产生习惯性退缩。面对困难,所有的孩子都会有思想斗争,纠结"前进"还是"后退",思想斗争的矛盾过程中,就会放慢做事效率。父母首先要接纳选择"后退"的孩子,切勿指责,要增加鼓励、支持、陪伴。父母的做法会直接影响到孩子后期成长,甚至未来职场、生活中的抗挫折能力。家庭教育不能单一地就事论事,而是要培养孩子直面挫折的勇气和态度。生活中,家长过于包办代替也会让孩子养成惰性,用拖延的方式等待家长继续代办,因此家长一定要注重培养孩子的自理自立能力。

此外,家长和孩子对时间观念的认知不同,因其各自的内心承受力不同,因此做事的速度和效率也不同。孩子与成人做事的目的不一样,成人更注重结果,做事是为了取得更多、更好的结果,因此,成人一般会自觉地抓紧时间,尽快地完成所做的事情;但孩子不同,很多时候,孩子是为了体验和享受做事的过程,他们做事的主要动力是好玩和有趣。

针对此类孩子的拖延,家长要提前与孩子商定好要完成任务的计划和时间,以及完成任务的规则(如不走神、不玩玩具),然后家长监督执行。

(五)教会孩子时间管理的具体方法

1. 教孩子树立正确的时间观念

家长要培养孩子的时间观念和自我管理能力,让孩子更早地过渡到自主管理时间阶段,从而帮助孩子建立科学的时间观。首先让孩子对时间有整体的认识,明确时间一旦浪费后是不能挽回的,让孩子对不同的时间有初步理解。其次,家长可以教孩子认识钟表,让他们对每天的时间段有大致的了解。同时,家长还可以告诉他们每天什么时候该吃饭,什么时候该睡觉,什么时候该起床和上学等。这样,孩子就会对自己每天的作息规律有初步印象。家长在跟孩子一起做游戏的时候,可以每次约定一个时间段,这样可以让他们逐步认识到一分钟可以做些什么事情,十分钟可以做些什么事情,一个小时可以做些什么事情。久而久之,孩子们就会学会珍惜时间。

2. **让孩子明确时间的宝贵,从而珍惜时间**

家长要让孩子理解"时间是不会停歇的,因此很宝贵"这个概念。如果在一件事上拖延了几分钟,那么,其他的事情就会因此损失几分钟。比如,孩子赖床时,家长可以拿出闹钟让他确认延迟的时间,并在之后吃饭、洗漱等环节加速弥补。同样,如果今天的作业提前完成,家长可以让孩子去做自己喜欢的事情,体会节省下的时间的价值。

3. **教孩子学会时间管理**

家长可以鼓励或陪伴孩子制订出时间管理计划,写出每天想做的事情,并初步预估每件事情需要花费的时间等,越具体越好。由于计划是自主制订的,孩子往往能够积极主动地执行,在实施过程中,家长也要制定出奖励措施,这样会对孩子起到约束和监管的作用。当孩子依照计划按时完成时,父母要及时肯定,赞赏和表扬可以激发孩子更大的积极性,这样会更有利于孩子养成良好的时间管理习惯。如果发现孩子在规定时间内没完成任务,家长要及时干预,别让拖拉替代效率。家长要以身示范,在教育孩子的同时,也要加强自己的时间管理。家长是孩子人生最重要的导师,也是孩子最好的榜样。

4. **放手培养,增强孩子的自主意识**

任何一种能力和习惯的养成都需要家长持续性的教育和引导。孩子相对脆弱,容易依赖父母,遇到难题第一时间产生退缩是很正常的。此时,家长的坚持很重要,如果想要孩子在解决问题的过程中获得成长,家长就要给他独立思考的时间和自主解决的空间,不要总是冲在孩子前面包办代替,否则孩子永远不会长大。

四、教学参考

【活动目标】

1. 指导家长明确,科学、健康的生活方式对孩子的身心健康和成长及未来发展都非常重要。

2. 指导家长教孩子形成正确、科学的时间管理策略。

【活动时间】

40分钟。

【活动材料】

A4 纸（每人一张）、笔。

【活动方法】

活动体验、小组讨论、情景演练。

【活动过程】

1. 案例分析，引发共鸣。教师讲解案例，指导家长结合案例的学习（或根据自己孩子的情况，编排家庭短剧《我家孩子的一天》），分享自己孩子日常时间管理的情况。

2. 剖析原因，觉察反思。教师指导家长分析自己孩子时间管理弱（或拖延）的原因，组内分享并写下来，从而有针对性地进行教育。

3. 方法探究，科学指导。教师通过视频微课、理论学习、情景演练和小组讨论等方式，指导家长进行体验式学习和感悟，探索家庭教育新策略。

4. 总结提升，实践运用。教师指导家长分小组进行家庭教育新策略的知识巩固和实践演练，从而更好地运用到生活中。

【活动提示】

在家庭短剧创编环节中，家长可根据自己孩子的特点，设计新的家庭教育方式，通过表演的方式进行行为练习，为后续教育提供实践演练。

人际关系 篇

主题 15　同伴的力量

小学阶段的小伙伴,可能会成为孩子一生的朋友。同伴关系不直接影响孩子的学业,但会影响孩子学校生活的幸福指数,所以,教孩子学会与同伴合作既是学校的责任,也是父母的责任。无论孩子是哪种性格特征,家长都要教孩子学会与人友好相处、善于合作。本主题中,教师要教家长在日常生活中培养孩子的合作能力。

一、案例描述

王宇,8岁,三年级男生,班里的学习委员,独生子。

课堂上,他听讲认真,思维敏捷,回答问题时经常有精彩的表现,学习成绩优秀,因此非常自信。在进行小组合作学习时,他不愿意与其他成员交流,认为别人的想法不如他的想法全面,因此没必要听别人的想法。他最热衷的就是发表自己的看法,让组里的人听他说,总想自己代表小组发言。有同学回答问题时,他总要提出自己的不同见解,或者找出这位同学回答的不当之处来证明自己更优秀。当在全班同学面前侃侃而谈并受到老师表扬时,王宇就更神气了。看到其他同学学习成绩比自己好时,他就心里不平衡,认为自己才应该是最优秀的。

对于班长布置的各项事务,他总是找理由推脱说自己是学习委员,学习之外的任何事情都与他无关,自己要好好学习,没时间干别的事情。平时,有同学不小心把他的物品碰到了地上或走路时碰了他一下,他就说别人是故意找他的麻烦。一来二去,同学们都对他很有意见,渐渐疏远了他。

学期末,班里民主评选"三好学生",王宇落选了,当场趴在桌子上哭了起来。班主任找他谈话,他哭得更凶了,感到自己很委屈,说这次评选结果不公平,自己成绩最优秀,就应该当选,同学们是因为妒忌才不选他。老师说,学习好只是评选标准的一个方面,要做全面发展的优秀好少年,与其他同学友好相处。他虽然当时听进去了,但还是改不了自己的高傲,经常与同学产生小摩擦。

王宇小时候跟奶奶一起生活,奶奶怕他被人欺负,平时不让他与同龄的小朋友玩;父母上班忙,很少与孩子沟通,造成孩子性格孤僻,沉默寡言。在学校,他很少与其他同学一起玩,情绪很不稳定,稍不如意就发脾气,拍桌子、摔书本,总认为别人故意针对他;被老师批评时,他一言不发,却咬着牙,瞪着眼,总是不服气,一副被冤枉、感到无辜的表情;即使明显是他的错误,也不会轻易承认,总是找理由把过错往别人身上推,因此其他同学都不愿意和他交往。

二、案例分析

(一) 什么是合作能力

合作是个人和群体之间为了共同目的相互配合的行为。合作能力是个人与他人、与群体的团结协作能力。

(二) 合作能力对儿童发展的重要性

《礼记·学记》中说:"独学而无友,则孤陋而寡闻。"合作能力不仅是一个人情商的表露,也是一个人综合素质的集中体现。学会交往与合作是能使孩子一生受益的财富。在合作过程中,不仅可以充分发挥个体的思考能力和语言表达能力,还可以培养分析能力和协调能力。

合作对于儿童发展而言,既可开发智力,又可丰富其社会情感,这是理解他人、融入社会的根本途径。而且,合作还有着人类学意义。奥地利心理学家阿德勒认为,人生所有的失败都有一个共同点,那就是缺乏合作能力。他说:"假使一个儿童未曾学会合作之道,他必定会走向孤僻之途,并产生牢固的自卑情绪,严重影响他一生的发展。"因此,在家庭教育中,加强对儿童合作能力、合作习惯、合作意识的培养,影响深远。

(三) 小学低段学生的合作能力水平

1. 初步社交能力形成

对于小学低段学生而言,同伴交往是其日常生活中不可或缺的一部分。他们大都喜欢并且渴望与同伴交往,并在与同伴交往的过程中,形成自己的人际网络,培养自己的社交能力,建立起情感支撑。游戏生活中的同伴交往是其最主要的同伴交往形式。同时,同伴交往的城乡差别、性别差别都比较明显。

2. 以自我为中心的状态并没有完全消除

以自我为中心是小学低段学生在同伴交往过程中表现较为明显的一种倾向,主要体现为:多指责他人,少要求自己,占有欲强,渴望得到别人持久的赞美,重视自己、忽略集体等。

3. 缺乏同伴交往技巧

小学低段学生往往会遇到这样一些困惑：想要与别人和睦相处，却又不知道怎样才能赢得别人的好感，融入集体生活；想要向他人表达自己的看法，却又不知道怎样与人交流，甚至会陷入争执；朋友之间有矛盾时，不知道怎样去协调；遭到别人误会时，不知道怎么去澄清；同伴的友谊较为短暂，一点小冲突就会发生绝交事件。

（四）树立孩子的合作意识

要使孩子逐渐克服以自我为中心的倾向，愿意主动与人协商合作，就要培养孩子的合作能力。团结友爱、互助合作的孩子社会适应能力强。家长要让孩子懂得：在遇到困难时，团体成员之间只要齐心协力地想办法解决问题，就很可能会战胜困难。家长还要培养孩子关心他人、助人为乐的高尚品质。孩子能在家尊老爱幼，在校尊敬教师、团结同学，才能与人友好合作。

要在内心深处愿意接纳别人，合作是互相提供资源和发挥各自的优势，实现资源共享、劣势互补，从而实现双方效益最大化的有效方式。合作过程中，需要双方互相接纳、互相欣赏，共同获益。王宇总是急于表现自己，没有看到别人的长处，缺乏合作意识，导致其不能与其他同学和睦相处。

三、家庭教育指导要点

（一）分析孩子不善于与别人合作的原因

据调查，三年级学生中能主动与同学交往的学生占 55.7%，能尊重对方的占总 17.6%，能主动求助于别人的占 40.9%，能听取别人意见的占 26.2%。三年级学生能主动参与别人活动的学生占 39.3%，能接受别人缺点的占 36.1%，不允许别人犯错误的占 22.9%，喜欢与别人讨论问题的占 34.4%。三年级学生中遇到问题能主动想办法解决的占 24.6%，能求助别人的占 26.2%，能主动帮助别人的占 8.2%，有独特见解的占 42.6%，能组织同学帮助别人的占 78.7%，自己的烦恼无人可说的占 11.4%。

1. 家庭教育缺失

由于家庭教育的缺失，一些儿童的交往能力及合作能力都降低了。

一是家长过分溺爱。那些衣来伸手、饭来张口的儿童，表现出以下行为：自私自利、目中无人，与同伴交往时不讲理，不懂得尊重他人，不会沟通，不愿付出，不愿合作，有问题也不会向同学倾诉，别人也不愿与之交往。

二是家长期望过高。现在的家长总希望自己的孩子在各方面都比同龄人优秀，致使孩子把个人利益放在第一位，做事情不考虑别人的感受，毫无感恩之心，没法和别人达成一致的看法，导致交往失败。

三是家长对孩子的过分保护造成孩子对家长过于依赖。孩子在生活中遇到问题时习惯性地依赖家长,不愿自己想办法解决,减少了与同伴交往的机会。

2. 学校教育失误

学校教育中过分重视学生的学习表现,而忽略合作与交流的重要性,学习成绩好的学生经常得到表扬。在各项活动中,学习成绩好的学生异常活跃,容易自以为是、自高自大,瞧不起别人;而学习成绩较差的学生则容易被忽略,导致他们产生自卑、畏惧的心理,不敢与人交往,怕被人笑话。

3. 社会交往机会的缺失

随着居住环境的改善,相对封闭的现代化生活方式使得各个家庭之间的相互交流越来越少,加之网络的普及,也使很多孩子沉迷于电视和网络游戏,和别人打交道的机会很少。

(二) 家长培养孩子合作能力的方法

人际关系良好的孩子,能和老师同学融洽相处,会有一种满足感,更自信快乐。所以,家长一定要关注孩子的成长过程,要帮助孩子学会与人交往。

1. 创造民主平等的家庭环境

家长要尽可能地做孩子的朋友,民主平等地对待孩子。父母讨论事情时尽量让孩子也参与,尤其是与孩子有关的事情,可以听听他的意见,如果可行,适当地采纳他的想法。这有利于树立孩子的自信心,使孩子敢于大胆地发表观点,从而更好地与人交往。做家务给孩子提供了锻炼自己的机会,孩子会感受到家庭需要自己的付出,会巩固家庭成员之间的平等关系。孩子可参与的事情有很多,如周末全家总动员大扫除,讲故事给家人听,与家人做游戏、玩玩具。孩子可以饭后帮忙收拾餐具;家里来客人时,可帮忙招待客人。

2. 为孩子树立合作的榜样

孩子有很强的观察力和模仿力,父母的言行潜移默化地影响着孩子,他们会不自觉地仿照父母的做法来和小伙伴交往,所以父母要为孩子树立良好的榜样。父母应该与人和善交往;对家庭成员、邻居、同事礼貌热情,及时帮助有需要的人。例如,妈妈做饭,爸爸帮着洗菜;妈妈拖地,爸爸帮着整理物品等,形象直观的"教材"会在潜移默化中影响着孩子的处世观。他们与人合作时,会不自觉地模仿父母的言行举止。父母在合作中严禁互相责备,要对身边的各种合作行为进行积极的评价与鼓励,带动孩子学会合作。

3. 帮助孩子掌握简单的交往技能

教孩子在交往时,使用"你好,请,谢谢,对不起,行吗"等礼貌用语。想和别人玩游戏时,应先征得别人的同意,比如,"我可以和你们一起玩游戏吗?"孩子与别人争抢玩具时,父母要明确地告诉孩子,这种做法是错误的,引导孩子采用商量的办法请别人与自己分享玩具。

4. 教会孩子礼让和主动

交友过程中,礼让和主动非常重要。要让孩子意识到在合作中应互相尊重、顾全大局并有自己的立场,把握容忍和随和的分寸。合作时,不能只想着自己,要顾及他人的感受,有时需要做出一些让步;在讨论事情时,要遵守"协商""少数服从多数"的规则;比赛时,孩子可能会有争吵、耍赖的情况发生,父母可借此机会让孩子知道如何谦让、如何遵守规则等。同时,家长也要教育孩子不能无原则地让步,坚持自己正确的立场也是取得同伴的尊重和信任以及合作成功不可缺少的要素。

5. 创设情境,提升社交能力

社交能力需要在情境中锻炼提升。家长要带孩子走出家庭,让孩子有更多的社交机会锻炼自己。当孩子与人交往时,家长不要先出谋划策,要默默观察,让孩子自己处理与人交往的事务。家长要鼓励孩子多交朋友,可以邀请小伙伴到家里玩,热情招待小伙伴,拿出自己喜欢的食物和玩具,分享给小伙伴。家里有客人,可让孩子参与招待。外出购物时,每次可以让孩子选购一两件自己喜欢的东西。

6. 及时赞美,巩固社交能力

当孩子与他人友好交往时,家长要及时地充分肯定与赞美孩子,如果能加上适当的肢体语言,效果会更好。孩子明白了什么行为是对的,就会不断巩固这种正确行为,社交能力就会提升。

7. 正确对待孩子之间的矛盾

现在的孩子在家庭中大多养尊处优,与同伴之间缺乏交往机会,当和同伴一起玩时,难免会发生一些冲突。每个孩子都是家庭的宝贝,孩子之间发生冲突,家长经常会出现下面这种错误的做法。

发生冲突后,家长不问事情缘由,直接警告对方或给予惩罚,这样不仅解决不了事情,还会使事情变得越来越糟糕;而且,父母这种不管自己孩子对错就横加干涉的做法,容易误导孩子,使其是非不分。久而久之,孩子遇到同伴之间的冲突,再也不会自己想办法去解决,会习惯于依赖父母来解决。

8. 引导孩子自我认识,正确解决矛盾

当矛盾出现后,家长要根据实际情况,用不同的方法引导孩子。

第一,利用故事或者动画片等进行引导。家长与孩子一起回顾看过的故事或者动画片中的内容,再让孩子说说自己的想法,引导他思考自己的做法是否正确,应该如何做,引导孩子想出解决矛盾的办法,这样会提升孩子分析、判断、反思及解决问题的能力。

第二,采取冷处理方法。孩子有时会因为争抢玩具、角色等而产生矛盾,甚至可能一直争执到游戏结束。面对这种情况,家长可以选择让孩子终止游戏,让他知道,一味

争执的后果就是不能再继续玩游戏了,然后再引导孩子思考该怎么办,让孩子明白谦让的道理,明白游戏中要自觉遵守游戏规则,学会各退一步。

第三,采用榜样示范法。家长可以表扬在游戏中角色分配清楚、活动内容丰富、游戏水平能力强的孩子,其余孩子就会自觉地模仿这个孩子的做法。家长引导孩子注意观察榜样的示范行为,鼓励孩子积极向身边的可模仿榜样学习,提高孩子的游戏水平,体验合作的快乐。

9. 让孩子具备更多吸引小伙伴的长处

孩子除了要主动去结交朋友,也要让小伙伴主动来结交自己,这就需要家长在平时多关注孩子,让他们具备更多吸引小伙伴的长处,并且尽可能地在平时表现出来。平时让他把自己合理的想法和建议表达出来,让大家明白他的想法和做法。

10. 让孩子感受合作的快乐

生活中,父母可以让孩子参加一些合作类竞赛,体验通过合作完成任务的快乐。即使孩子一时没有完成任务,父母也不要责怪,要让孩子明白,成功合作但没有完成任务,可能另有原因。有些合作虽然结果失败了,但合作过程中参与者都尽了自己的努力并感到很快乐,这就是成功的合作。家长可以用相机拍摄孩子合作的精彩瞬间,帮助孩子记录合作的成果,并及时给予恰当的肯定和激励,使孩子充分感受到合作带来的快乐。家长要做有心人,可以引导孩子比较本次合作的成功与上次合作不好的失败,分析原因,既让孩子认识到合作的必要性,体验到合作的快乐,又避免了因为失败,对合作方产生抱怨情绪而不愿继续合作的可能性。孩子在与小伙伴的交往中,感受到合作的快乐,会提高合作积极性和自觉性,在生活中主动与人交往。

四、教学参考

【活动目标】

1. 帮助家长认识培养小学生合作能力的重要性。
2. 帮助家长认清家庭教育容易出现的误区。
3. 指导家长学会培养孩子合作能力的方法,培养孩子的良好品质。

【活动时间】

40分钟。

【活动材料】

阅读材料、视频、A4纸等。

【活动方法】

小组讨论、合作表演。

【活动过程】

1. 案例分析,达成共识。出示王宇同学的案例,让家长结合案例谈一谈自己孩子的情况,了解到合作能力差对孩子的影响。

2. 剖析原因,引发思考。家长分小组讨论,分析目前家庭教育容易出现的误区。

3. 方法探究,科学指导。老师引领家长讨论交流,找到培养孩子合作能力的方法。

4. 总结提升,学以致用。家长讨论后,交流本节课的心得体会,并选择一个上课伊始提出的问题和困惑进行解决。

【活动提示】

在活动中围绕以下问题进行充分讨论。

1. 你家孩子会与同伴合作吗?

2. 家长应该从哪些方面培养孩子的合作能力?

3. 家长在培养孩子合作能力的时候应该注意什么?

主题 16　处理同伴间的一般性冲突

儿童之间的一般性冲突是儿童在日常生活中发生的一过性的矛盾冲突,正是在解决这种矛盾冲突的过程中,儿童学会了社交时把握合适的心理边界与行为边界。如何正确有效地处理一般性冲突?是委曲求全、以牙还牙,还是求助他人?在本主题中,教师要带领家长教会孩子处理这些生活中常常发生的小波折。

一、案例描述

一天放学后,爸爸去接儿子,发现他气鼓鼓的,问原因,儿子一开始闭口不言,经过爸爸仔细追问,儿子才说被其他班的一个同学打了。那同学无缘无故地用橡皮打他的头,他急了,就踢了那同学一脚,接着那同学也踢了儿子一脚。儿子说一定要报仇,爸爸连忙安慰说,同学之间这种小冲突是难免的,要大气点。但儿子听不进去,还越来越激动,咬牙切齿,眼泪汪汪。恰好,前段时间发生了一件青少年犯罪案件,爸爸把这事讲给儿子听,正在气头上的儿子不为所动。

于是爸爸拨通了孩子妈妈的电话,打开扬声器用很护短的口吻说:"儿子被欺负了,他要去找人报仇。我怕儿子打不赢,你是不是请下假,一起来帮忙?"妻子听了,当然明白是怎么回事,笑着说:"是不是要像前几天发生的砸车案一样,跟着去砸车呀?"儿子听了,不好意思地笑了。爸爸见气氛缓和,便帮儿子分析起冲突的原因。儿子这两天加入了鼓号队,每天都带着长号上学,别的同学看到后可能有一点儿嫉妒,所以故意惹事。

爸爸跟儿子讲自己小时候的故事。"有一次,学校奖励了我一盒水彩笔,放学路上,同学们围过来看我的水彩笔。如果不给他们看,同学肯定会说我小气,容易招来他们的孤立和打击,所以我就大大方方地拿给他们看。虽然有同学拿着水彩笔乱画,我很心疼,但过会儿大家就散了,奖品还是我的。"听完这个故事,儿子的气渐渐消了。

然后,爸爸又给儿子讲韩信胯下受辱的故事。儿子听后说:"看来我还得向韩信学习,做个冷静的人,不能被一时的气愤冲昏了头脑。"儿子在爸爸的劝慰下,渐渐放松下来。爸爸很欣慰,接着说:"与同学发生冲突,要告诉老师,让老师来帮助解决,千万不要私自解决。你找朋友帮忙,对方找亲戚帮忙,谁也不肯退让,会让矛盾冲突升级,一件鸡毛蒜皮的小事就可能变成恶性事件,那并不是你想看到的,是不是?"儿子忙不迭地点头。

第二天上学,儿子将这件事告诉了老师。老师严厉批评了那位同学,儿子也原谅了他,两个人又成了好朋友。爸爸想,今后再遇到这样的事,儿子应该学会怎样去处理了。

二、案例分析

本案例的起因是一位同学用橡皮打了另外一个同学,从而产生了不愉快,这是典型的一般性冲突。冲突会引发情感方面的不满与愤怒情绪,甚至是行为方面的对立。在学校生活中,学生之间的一般性冲突是指学生在人际交往、学习生活中经常发生的沟通不畅、误会、冲动而导致的小摩擦。

(一)同伴间的一般性冲突的特点

同伴之间的小摩擦、小冲突经常发生,这是由于这个年龄的孩子没有完全脱离以自我为中心的发展阶段,好胜心强,处理问题时具有冲动性特征,不能够综合考量各种要素,很少会寻求合理的冲突解决方式,一般是不假思索地按照本能行事,这往往会导致矛盾升级。案例中,两个孩子因扔橡皮的行为引发肢体碰撞类冲突。在学校生活中,无意识冒犯、阻挡他人需求的行为、对事物存在差异的看法或认知,都会引发学生之间的一般性冲突。

此阶段同伴间的一般性冲突表现出如下特点。

1. 高发性

冲突频发的原因主要有以下三类:第一类是争抢物品或玩具。此类冲突是学生之间以自我为中心的利益冲突,属物权意识。研究表明,这类冲突在冲突总数中占比较大。第二类为参与肢体接触较多的活动,例如体育课、各类竞技游戏。第三类则是在室内角色游戏中,因为在空间有限、物品有限的条件下,活动受限,心理紧张,再加上交流和接触的频率高,因此发生冲突的概率也随之升高。

2. 易变性

这个阶段孩子间的冲突通常来去匆匆,持续时间短暂,易于调解。再大的冲突,只要成人引导方法得当,很容易解决。前一天孩子之间发生口角,第二天可能又会和好如初,这种情况很常见。

3. 情境性

冲突的发生往往伴随具体事件,这个阶段的孩子因为学具的抢夺、不小心的踩踏等小事容易发生争吵,但是这种情景往往是突发的,并不是故意的,一旦脱离问题发生的情景,孩子的情绪往往会得到平复,不会再纠结。

(二)同伴间的一般性冲突的类型

这个年龄阶段的孩子的一般性冲突一般有口角、抢夺、肢体碰撞等表现形式,通常伴有激烈的情绪反应。一般性冲突在儿童中常表现为以下三种类型。

1. 意见不统一导致的冲突

在交往过程中,因对方的观念与自己不一致而发生争执。他们会因为讨论"哪种恐龙更厉害"等小事而发生争吵。该年龄段的孩子,自我意识增强,好胜心强,渴望别人的认同,当小伙伴意见不统一时,就会争辩,想占据主动权。现在的孩子因为在家庭中受到过多的宠溺,都觉得自己是正确的,因此互不相让,导致情绪激动而产生冲突。

2. 争夺感兴趣的物品导致的冲突

很多孩子在家庭中衣食无忧,是家庭的中心,这就养成了他们任性、自私的性格,不懂得谦让,在集体生活中也理所应当地认为应该得到自己想要的东西,由此而引发冲突。

3. 不小心因肢体碰撞而导致的冲突

在校园集体生活中,同伴之间不可避免地会发生肢体间的相互碰撞,很多孩子在被别人碰到后,就觉得自己被欺负了,由此导致冲突的发生,经常会因为所谓的"某某打我"而和别人打架。其实,因为这个年龄阶段孩子的肢体协调能力还不发达,这些无意识的行为,只是孩子间的一种玩闹或无心的触碰。

(三)一般性冲突对儿童身心发展的影响

1. 结果需要辩证看待

此阶段同伴间的一般性冲突一般不会对孩子的发展产生太大的不良影响,因为这个阶段的孩子受比较有权威的成人的影响大,受同伴的影响小。其实,冲突如果处理得当,结果并不一定是消极的。认同冲突,通过积极的互动协商解决冲突,甚至与冲突共存,那么就有将冲突转化为成长的可能。案例中,孩子想要报仇的做法是形成对峙,而爸爸给孩子讲道理,用自己的亲身经历缓和孩子情绪的做法是认同冲突,将冲突转化成积极因素,这会直接影响孩子今后对冲突的处理方式。

2. 心理上发挥建设性作用

心理学家认为,同伴冲突对儿童的心理发展发挥着积极的建设性作用。儿童在处理同伴冲突的过程中,能够逐步获得观点采集能力,提高社会交往能力,增长社会经验,并最终促进个体社会化的成长和良好社会品质的发展,且有助于其道德判断力的发展。在这个年龄阶段,同伴冲突对促进儿童认知能力的发展起到重要作用,与冲突相伴而生的同伴交往对儿童的心理建构起着积极影响。

3. 提高孩子解决与他人矛盾的能力

同伴冲突给这个年龄阶段的儿童创造了解决与他人的矛盾和纠纷的机会,正是在解决的过程中,儿童逐渐获得了处理与同伴之间发生冲突的问题解决策略。同时,在解决与同伴冲突的过程中,儿童逐渐"去自我中心",认识到明白他人的意图、了解他人的想法和体会他人情感的重要性。这在他们成长过程中极为重要,既能形成同龄群体间良好的社会交往关系,又能增加儿童与他人相处的社会经验,对儿童的社会性健康发展发挥着重要的积极作用。

三、家庭教育指导要点

孩子在成长过程中与同伴发生冲突是在所难免的。有的时候,孩子会回家向父母告状,这就是考验家长指导能力的时候。教师应该指导家长正确引导孩子,这不仅考验家长的理智,也考验家长是否有正确的教育思想和对孩子教育的长远目光。

(一)辨别冲突性质

此阶段同伴间的冲突有偶发性的,也有长期的、持续的霸凌。很多时候,孩子之间转眼就好了,不需要家长兴师动众。一般性冲突是偶发的、一次性的,对儿童成长不一定会带来消极作用,与校园欺凌明显不同。同伴间的一般性冲突更类似于同学之间的一些小摩擦,是偶然的事情,不经常发生,这就是儿童同伴间的一般性冲突。

欺凌并非偶发事件,是指长期且多次发生的欺凌事情。欺凌通常会重复发生,被欺凌的学生不止一次地被欺负,造成心灵创伤、扭曲,甚至会迫使其产生报复性攻击行为。例如,高年级的某同学经常来找低年级的明明,总是向明明要钱,并不准他告诉老师和家长。这种现象不是一次两次,而是经常发生,就会对其心灵造成伤害。

(二)家庭教育中影响冲突解决的不良方式

1. 过度批评

在处理孩子同伴间的冲突时,我们要学会站在孩子的角度看问题。同时,在处理的过程中,要问清情况,学会与孩子沟通,给孩子一个解释的机会,而不是不明所以,一味指责孩子。一味地指责批评,不仅不能解决问题,还容易导致孩子产生自卑心理,心生怨恨,变得胆小怯懦、自尊感低。此外,也要有更多的耐心,尊重孩子。如案例中的父亲,如果他一味地批评孩子,会导致孩子以后遇到事情也不会跟家长交流,那么家长就不能在孩子最需要的时候及时地给孩子最有力的支持。

2. 冷漠忽视

孩子犯错后,家长怒气未消,冷漠对待,甚至直接拒绝孩子的道歉,以示惩罚。家长比较忙时,会无意地忽视孩子,对其不耐烦或故意不回应。甚至,有些家长会带着工作或生活中的情绪与孩子相处,拒绝给孩子提出有效建议。

二年级的婷婷放学回家,一进门就哭着告诉妈妈,同学送给她贴纸又要回去,同学说话不算数,于是两个人抢了起来。这时,如果家长不能很好地回应孩子,冷漠忽视,会导致孩子心灵受到伤害。其实,孩子发生冲突后向家长诉说是寻求情感支持和方法指导,家长冷漠忽视还会导致孩子在成人后对周围的人和事较冷漠。

3. 偏袒护短

这个年龄段的孩子非常单纯,很多所谓的问题其实是成年人的焦虑,如果是一般性冲突,家长不要过分紧张,孩子之间的争执应由孩子自己解决。每个人在解决自己的问题方面都有成为专家的潜力。孩子之间出现一点小摩擦,家长就想找对方理论,过度偏袒护短,可能会对孩子的发展产生负面影响。有的家长因为孩子的小摩擦而发生口角,家长吵架,护犊心切,这样的方式,不仅没有给孩子做好榜样,相反,会影响孩子的处事方式。对于孩子来说,一次胜利或者一次失败都是他成长的机会,切忌把孩子同伴间的一般性冲突关系看成欺凌行为。家长在孩子的冲突事件中护犊心切,过分指责对方,可能导致矛盾升级;偏袒护短则是对孩子错误的纵容,只会让孩子以为犯错误是无关紧要的事情,最终会酿成大错。当冲突发生后,家长要明辨是非,给孩子讲明对错,教给孩子处理方法。

(三) 家庭中教会孩子什么

1. 学会引导孩子客观看待同伴间的冲突

集体生活中,同伴之间不可避免地会发生冲突。家长首先要明白,冲突的影响并不都是消极的,也有其积极的意义与价值。冲突处理得当,会成为孩子学习与人交往、合作的一种"助力",有利于孩子学会体谅他人,提高社会交往能力。冲突发生后,孩子会把少部分精力放在对错辨别上,大部分精力用于解决冲突以及怎样避免类似冲突上,并且孩子会思考如何从自身行为的改变出发,避免类似的冲突,不断提高社交技巧。

当冲突发生后,家长的应对方式对孩子有着重要影响,因此,家长要正确有效地化解冲突。首先,家长要保持冷静,稳定自身的情绪,弄清事情原委,不要劈头盖脸地评判对错,一味地指责其他孩子。其次,家长应当接纳孩子当下的情绪,给孩子的情绪一个出口,安抚孩子的情绪,帮助其平复心情,这样有利于孩子在今后遇到矛盾冲突时,更理智地表达自己的感受。最后,向孩子表示对他当下情绪状态的理解,鼓励孩子详细描述发生冲突的事情经过,通过共情式倾听了解起因,确认矛盾所在,掌握冲突的全貌。

若孩子无法独立地化解矛盾,家长应该合理引导孩子。第一步,引导孩子换位思考,让孩子理解对方的想法和感受。让孩子在进行角色代入的过程中获得同理心,在遇到矛盾时懂得站在他人的角度去理解、体谅对方。第二步,思考解决方式。和孩子一起想出几个冲突双方都可以接受的解决办法,可以采用关系缓和再道歉、友谊卡请求对方原谅、约定共同遵守的原则等方法。第三步,模拟沟通。家长可以和孩子选择一个解决办法,尝试模拟如何与对方沟通。首先模拟对方引发冲突,让孩子学会"表达感受+提出建议"的解决方法;然后孩子引发冲突,让孩子学会"诚恳道歉+请求原谅"

的解决方法。

同时,鼓励孩子在集体生活中与同伴正常交往。阳光照到心里的角落多了,阴暗的角落自然就少了。家长要理解一个集体里总会有各种类型孩子,引导孩子不要戴有色眼镜看同伴,要更多地关注同伴的优点。每个孩子不一定都是鲜花,也可能是大树,孩子的成长可能花期不同,让孩子学会珍惜同伴,用欣赏的眼光看待同伴。

2. 教给孩子多种冲突管理策略

每个人在解决冲突时都会表现出一定的倾向性,是满足自身利益还是满足他人利益?只考虑自身利益,为达到目标而无视他人利益,这是强迫;只考虑对方利益而牺牲自身利益,或屈从于对方意愿,这是迁就;既不满足自身利益也不满足对方利益,对冲突试图不做处理,置身事外,这是逃避;尽可能满足双方利益,寻求双赢,这是问题解决策略;双方都有所让步,同时都有所收获,这是折中。让孩子了解这几种策略,并根据情况选择最有实效性的正向的问题解决策略,便于其面对冲突时知道怎样去应对。

这个年龄段孩子的不同冲突管理策略都是因为某件事而在情境中发生的,并没有绝对的好坏,他们常使用的强迫和迁就策略在某些情境中不一定适用。因此,家长要帮助孩子分析不同情境应该使用什么样的策略,做好心理建设,提升孩子灵活处理冲突的能力。

3. 教给孩子处理冲突的方法

当孩子面临人际冲突时,家长既不能越俎代庖,完全代替孩子去解决冲突;也不能无所作为,完全放任孩子自由处理。家长应该密切关注冲突的发展变化,视情况决定介入与否以及何时介入。如果孩子需要你的支持与帮助,建议家长参照以下表格中的内容来支持孩子处理同伴冲突,以帮助孩子进一步学习解决问题和折中的冲突管理策略。

表1 怎样教孩子处理同伴冲突

引导建议	应对措施
让孩子描述事情的经过	"告诉我,你和×××之间为什么产生矛盾?"
描述观察或者感受到的孩子的情绪,安抚孩子	"感觉你因为这件事很委屈,也有些难过,对吗?来,抱一抱!"
引导孩子理解自己潜藏的想法以及原因	"你是不是因为觉得同桌没有信任你,不够资格再成为你的朋友了,所以也不想向他去解释了呢?"
引导孩子站在对方的立场上,想想对方的想法和感受	"我们来试一试,我扮演你,你来扮演你的同桌,你想一想他是怎样想的?该怎么做对方才会原谅自己呢?"
和孩子一起想出1~3个双方都可以接受的解决办法,选择其中一个,尝试做一做	通常,让孩子解决冲突的最佳办法就是花一些时间为孩子的脾气"降降温",然后引导孩子以一种友好的方式再次与同伴沟通

4. 教给孩子正确的社交规则与技巧

这个阶段的孩子太多以自我为中心,社交技巧稚嫩单纯。因此,家长需要培养孩子正确的社交规则与技巧,从根源上减少孩子与同伴发生冲突的概率。亲子间的相处作为重要的人际交往场景,是为孩子提供人际交往示范和技巧的最好机会。在亲子相处的过程中,家长要注意和孩子的交往方式,引导孩子懂礼貌、会合作、喜分享,有意识地教给孩子正确的社交规则和技巧。

特别是当孩子面对冲突时,先要注意孩子是否使用了合适的冲突管理策略,要尽量避免使用孩子常使用的强迫、迁就或回避的策略,而是多使用折中和问题解决策略,并陪孩子模拟练习。比如,与同伴玩游戏的时候,要引导孩子遵守规则,学会合作,而不是处处让着同伴;和同伴观点不一致时,要多与同伴讨论商量,问问同伴的看法,而不是一味地强迫同伴按照自己的想法做;做错事的时候,也要真诚地表达自己的想法和感受,诚恳地向同伴道歉,提出双方都能接受的解决方法。

5. 教会孩子保护自己

从成长历程来看,真正能让孩子得到成长的是在错误和教训中养成独立自主的性格。

家长要教给孩子正确处理问题的方法。被欺负时,让对方知道自己不好欺负,不要害怕,要严厉、大声地喝止对方:"不许打,你这样不对!"同时,要随机应变,喝止无效就走为上策,保护自己。尽量不要在欺负者面前哭,让对方觉得自己软弱进而变本加厉。可以提前和孩子一起模拟演练,让孩子知道如何做更有效。

(四)家长介入的基本原则

孩子同伴间的一般性冲突,如果只是一些磕磕碰碰的小矛盾,家长要鼓励孩子自己去解决或者指导孩子正确化解冲突,比如,让他们用自己认同和喜欢的策略来化解冲突。如果冲突严重,则需要家长介入,和孩子一起分析问题、解决问题。一般来说,家长需要做好以下四方面工作。

1. 全面了解信息

当冲突发生后,家长要保持冷静,及时与学校进行有效的沟通,必要时联系对方家长,共同商讨解决方案。一方面是因为孩子表达能力有限,另一方面,人在利益攸关的时刻,会本能地选择对自己有利的解释,所以要多方了解信息。

2. 安抚孩子的情绪

在孩子讲述事实和与孩子商量解决办法时,一定要先处理情绪,再处理问题。当孩子情绪激动时,先带领孩子远离"事发地点",营造一个安全的环境,等孩子情绪平复再询问。家长也可以采取拍背、抚摸、拥抱等肢体接触给孩子安慰,并且说一些安慰的话引导孩子表述自己的情绪,例如,"他用橡皮扔你的时候,你很生气是吗?"或者,"你觉得他这样的做法不对,伤害了你是吗?"

3. 明辨是非

如果是自己的孩子错了,家长安抚好其情绪后,要给孩子讲明什么行为可以做,什么行为坚决不能做,也应该与另一个孩子的家长沟通,让孩子表达歉意。如果错在其他孩子,家长可以通过老师与另一个孩子的家长沟通,避免孩子再次受到欺负。

4. 巧妙沟通,鼓励交往

冲突双方的父母应诚恳地交谈,彼此谅解,友好地解决问题。孩子是最敏锐的观察者,父母的一言一行,孩子都看在眼里,并且在他们幼小的心里留下深刻的印象。友好地解决问题能使孩子受到感染,化干戈为玉帛。父母不要因为孩子间常发生争吵和纠纷,就去生硬地限制孩子与同伴的交往,而要积极地创造条件,鼓励孩子与同伴正常交往,让孩子在纠纷和冲突中获得生活的体验,增加与人交往的经验。

四、教学参考

【活动目标】

1. 指导家长了解同伴间的一般性冲突是什么。
2. 帮助家长了解同伴间的一般性冲突发生的原因,教孩子正确处理问题。
3. 指导家长学会教孩子及时反思、总结,掌握解决冲突的方法。

【活动时间】

40分钟。

【活动材料】

阅读材料、模拟表演道具、A4纸等。

【活动方法】

小组讨论、合作表演。

【活动过程】

1. 家长分组交流当孩子遇到同伴间的一般性冲突时自己的感受和处理方式。
2. 阅读案例资料,谈谈自己的看法。了解同伴间的一般性冲突的特点、类型。
3. 小组探究如何辨别冲突及自身的不足。
4. 模拟表演面对一般性冲突时家长应教给孩子什么。
5. 谈收获,演示良好社交技巧。

【活动提示】

在活动中围绕以下问题进行充分讨论。

1. 哪些冲突属于同伴间的一般性冲突?
2. 家庭教育中家长怎样教孩子处理同伴间的一般性冲突?

3. 家庭教育中怎样避免处理同伴间的一般性冲突的不良方式？
4. 在发生同伴间的一般性冲突时家长应该教会孩子什么？
5. 哪些社交技巧能尽量避免一般性冲突的发生？

主题 17　多子女家庭的关系重构

进入多孩时代，家庭教育模式从 20 世纪 80 年代以来的独生子女养育模式开始发生了变化。在本主题中，教师将和家长一起研究如何对待家中不同的孩子，如何协调孩子之间的关系，构建和谐的多子女家庭关系。

一、案例描述

邻居家有三个孩子。大女儿天天，8 岁，上小学三年级，老实乖巧；二女儿欢欢，聪明伶俐，和姐姐年龄差距小；小儿子乐乐，一岁半，是家中唯一的男孩，极受爷爷奶奶的宠爱。尽管父母感觉对三个孩子一视同仁，并无厚此薄彼，但是在天天和欢欢看来并非如此。

老二欢欢出生后，大女儿天天很明显的一个变化就是，不让她喜欢的人抱妹妹，否则就哭或者伤心地走开。没办法，爸爸通常一手抱大的，一手抱小的。在很长一段时间里，天天一直否认自己"姐姐"的身份，会说自己是妹妹，自己比欢欢还小。问她为什么要做"妹妹"，她说因为爸爸妈妈更喜欢妹妹，让她先玩玩具，先挑好吃的。甚至，本来已经适应了幼儿园生活、有了一定自理能力的天天，突然又开始频繁出现尿裤子、尿床的现象。类似的事情让妈妈烦恼异常。相对于妹妹的乖巧机灵，老大显得老实木讷，父母也为此担心。

二女儿欢欢很会察言观色，哄妈妈开心。可自从有了弟弟乐乐后，欢欢的状况发生了很大变化。她夹在姐弟之间，总感觉爸爸妈妈不爱自己，自己不受父母的重视。由于三个孩子的日常开销巨大，妈妈感觉二女儿与大女儿年龄差距小，姐姐的一些衣服给老二穿正合适，所以每次买新衣服都是给大姐和小弟买，二女儿只有在重要的节日和生日才能够偶尔得到新衣服。欢欢从幼儿园回来，要跟妈妈分享当天在幼儿园里的趣事，妈妈却着急赶她走，嫌她说话声音大，怕吵醒弟弟。周末休息的时候，她想让妈妈带自己出去玩，妈妈的答案永远是下一次。欢欢和弟弟玩耍时，一旦出现问题，妈妈总是指责欢欢不懂得谦让弟弟。每当听到这样的话，欢欢就会觉得委屈极了，感觉自己是家里没人疼、没人爱的孩子。随着年龄的增长，欢欢不受重视的感觉越来越强烈。欢欢对姐姐天天和弟弟乐乐耿耿于怀，生活中与姐姐和弟弟时常吵闹，发生矛盾。

三、案例分析

（一）多孩家庭结构变化导致的家庭教育模式变化

20世纪80年代，我国将计划生育定为基本国策，80年代出生的第一批独生子女被称为"独一代"，他们在父辈的关注中长大。随着2016年我国"全面二孩"政策和2021年"三孩"政策的实行，以前常见的"4—2—1"家庭结构发生了变化。许多家庭迎来了二胎、三胎的小宝宝，家长们关注的焦点不再集中于一个孩子身上。孩子之间会产生一些影响，亲子关系也会发生一些变化。如在上述案例中，随着妹妹和弟弟的出生，老大、老二的心理也发生了一些变化。家长往往会在无意中更加关注家中较小的孩子，而忽视了年龄较大的孩子，或是对大孩子更为苛求，而对小孩子更为娇惯，这些做法也会进一步影响家庭中的亲子关系。

（二）不同出生顺序的孩子在家庭中的地位及其心理特点

由于孩子排行不同，尽管是生长在同一个家庭里，拥有同样的父母，但每个孩子的生长环境也会不同，结果也会产生很大的差异。

1. 年长的孩子

受到出生顺序的影响，父母对于长子女和二胎、三胎的养育方式是有较大差别的。对于家中的第一个子女，父母采取的养育方式往往是较为谨慎的。初为父母，在养育子女上缺少经验，此时的父母往往会主动学习育儿知识或向有经验的人进行请教，有些父母在抚养过程中还会追求完美，只要书上写的对孩子好的，就会尽力提供给孩子。对于他们成长过程中会出现的一些小问题也会更加关注，这也造成了家中的第一个孩子性格往往较为谨慎。

长子女出生后，家人会自然地将目光聚焦在其身上，长子女一般都已经习惯了成为焦点。特别是在"独二代"的家庭中，在弟弟妹妹出生之前，长子女拥有家中六位成人的所有关爱。弟弟妹妹出生后，通常来说，父母会更关注刚出生的宝宝，却在无意中忽略了老大，由于父母态度的转变，会让老大产生被抛弃的恐惧以及对新生儿的嫉妒、怨恨。

二胎出生后，老大一旦遭遇家人的冷落甚至责骂，可能会导致两种极端的表现。一种是老大感到无能为力，觉得自己无法得到父母的爱是因为自己不够好，产生悲观、失望的情绪，最后失去学习和生活的热情；另一种表现则是开始自暴自弃，对父母表现出来的偏心行为感到愤怒，容易敌视他人，还会出现撒谎、逃学、不服管教等一系列消极行为,甚至还可能会伤害弟弟妹妹。

在此案例中,姐姐天天在妹妹出生后,表现出了一系列退行性行为。退行是指人们在受到挫折或面临焦虑、应激等状态时,放弃已经学到的比较成熟的适应技巧或方式,而退行到使用早期生活阶段的某种行为方式,以原始、幼稚的方法来应付当前的情况,以降低自己的焦虑。这种现象在各年龄阶段均有可能出现。例如,文中的姐姐天天,本来已经适应了幼儿园生活,有了一定自理能力,妹妹出生后,却突然又出现了尿裤子、尿床的现象。究其原因,是妹妹欢欢的出生吸引了母亲的绝大部分关注,将温暖的怀抱和所有的精力全部放在妹妹身上,而没有时间和精力关注已经能照顾自己的天天。这个原本乖巧听话的女孩发觉自己无法像从前一样获得父母的关爱,便出现了行为上的退行。

家中的其他孩子或许也会有类似的感觉,认为自己的地位受到了威胁,却不会这么强烈,因为他们一直都没有感受过"唯我独尊"的待遇。身为"独一代"的家长也没有体验过失去这种集万千宠爱于一身的感受,所以在日常教育孩子的过程中,对于长子女这种患得患失的感觉难以有切身理解。对于第一个孩子的这种心理感受,需要提醒家长注意。

此案例中,姐姐老实,不善言谈;妹妹机灵,善于察言观色。两相比较,妈妈常为妹妹的嘴甜开心,将姐姐的不善言辞与妹妹的能说会道相比较,尽管是出于对姐姐未来的担忧,但在言语中透露出对姐姐的不满。姐姐的性格是天生的,难以改变,因此妈妈的这种评价不仅不会让姐姐的行为得以改善,反而会加重姐姐的焦虑。

2. 第二个孩子

第二个孩子出生后,因为其生理上的弱小,在相当长的时间内占据家人大部分育儿精力。如果没有更小的孩子出生,那么他将一直作为家中最小的孩子受尽宠爱。

因为要多照顾一个孩子,很多父母的时间与精力都无法达到第一次做父母时的状态。因为有了抚养第一个孩子的经验,育儿也会更加随意,不再追求完美。在这样的养育方式之下,二胎子女会有更加宽松的成长环境,他们将更早拥有独立探索的空间,性格将更加独立。

也因为刚一出生就已经有了与他分享父爱、母爱的哥哥姐姐,所以与长子女相比,家中的第二个孩子更容易与人分享、合作。但不可更改的是,他的生命中始终存在着一个不管在年龄还是在身心发展方面,都比自己超前的哥哥或姐姐,他一定得努力跟上步伐。因此,二胎孩子的竞争意识比第一个孩子要更加强烈。

假如家中又有了更小的弟弟妹妹,家人们对第二个孩子的关注转移到了最小的孩子身上,第二个孩子也会体会到哥哥姐姐当初的失落感。

此案例中,弟弟乐乐是家中唯一的男孩,受到爷爷奶奶的特别关注。母亲本着节约的目的,让欢欢穿姐姐天天小了的衣服,尽管其出发点是由于经济原因,并不是忽视她,但这种行为会让欢欢感觉自己被忽视,是个不值得被爱的孩子。这样不公平对待下长大的孩子,往往更会察言观色、讨好他人,也往往需要穷尽一生来证明自己是值得被爱的。

3. 最小的孩子

在家庭中,最小的孩子是最特殊的。因为他们下面没有年幼的弟弟或妹妹,在出生之后,他们由于自己年幼而受到特殊的宠爱,成为家庭成员关注的焦点,在与哥哥姐姐相处的过程中表现得比较任性。

兄弟姐妹之间的战争是其成长过程中不可避免的一部分,争夺玩具等一系列行为都是表面现象,本质上争夺的是父母的爱和关注。案例中,两个孩子出现争夺玩具的情况时,妈妈一味地要求姐姐让着弟弟,这种做法是不合适的。因为弟弟年纪小,而放纵其争抢姐姐的东西,既没有考虑到姐姐的感受,也会让弟弟为了证明自己能得到父母更多的爱和关注,加剧这种行为。

多孩家庭中儿童性格、价值观的形成受家庭环境影响,家长应多关注孩子的心理状态和他们的相处方式并及时进行调整。手足情深、亲密无间的家庭关系对儿童来说非常重要,在这样的环境中长大的孩子拥有更强的安全感和归属感。

三、家庭教育指导要点

(一)父母是否要"一碗水端平"

多子女家庭中的孩子常常在心里发问:"妈妈,你到底爱谁?"他们会像警惕的小猫,不时环顾谁是父母最爱的孩子。有的孩子可能会直接向家长提出自己的疑问,一些内向敏感的孩子可能会用行动向家长提出抗议。尽管在爸爸妈妈内心深处并无偏袒之意,但当孩子心中发出这样的疑问时,可能是父母的某些行为让孩子感觉到了某种不公平。

爸爸给弟弟带回来一个小玩具却没有自己的,妹妹哭闹时能够得到妈妈及时的安慰,而自己哭泣时却被制止等这些小事,总能引发长子女的不满。许多家长觉得长子女已经长大了,应该懂事了,而弟弟妹妹穿的、用的、玩的许多东西都是他们用过的,作为家中最大的孩子,他们还有过一段时光独自拥有家里人所有的爱,相比较而言,弟弟妹妹一出生就要与人分享,他们得到的更少,却更懂得分享,大孩子应该懂事一点儿,多让着弟弟妹妹。

相应的,也有些关注家庭教育的家长已经意识到了这个问题,他们在这个问题上表现得很焦虑,怕孩子觉得自己偏心,怕自己不能在所有事情上都平等地对待每个孩子。

其实,在多孩家庭中,家长很难在所有的事情上都做到绝对公平。这是因为家里的孩子有大有小,不可能全部都按照一样的教育方式来管教他们。而且每个孩子都是独立的个体,性格之间也存在着大大小小的差异。有些适用于老大的教育方式,却明显不适用于老二,这种情况也是很常见的。

他们真正在乎的是爸爸妈妈对弟弟妹妹的特殊关爱。上面提到的这些小事都会让他们感到,自己原本在家里的中心位置被改变了,这种关系和情感的变化,让他们十分焦虑,并延伸成对弟弟妹妹的不满和攻击。

家长也不要总是想着从物质层面实现对孩子的公平。有时候,孩子要的不是物质上的绝对公平。每一个孩子都渴望得到父母的爱,但只有爱还不够。家长要将对孩子的爱通过合理的方式表达出来。在对孩子表达爱意时,要一视同仁,让每个孩子都得到一样的爱和关注。

孩子出生后,在生理上需要更多的照顾,在时间上需要更多的陪伴。家长在照顾小的孩子的同时,要兼顾大的孩子的情绪。孩子有不同的需求,父母要尽可能公平合理地满足,让孩子在父母同样的爱和关注下健康成长。

大孩子最初对小宝宝的嫉妒感,通常来源于父母对待小宝宝的态度。刚出生的小宝宝常常被父母抱在怀里,父母将大部分的精力都投注在小宝宝身上而忽视了大孩子的感受,让他们感觉到了心理上的不平衡。所以,作为父母,要记得每天对大孩子表达自己的爱。比如,孩子放学回来,轻轻地搂一搂他的肩膀,问他今天在学校开心吗,有什么特别的事情。在吃饭的时候,将孩子最爱吃的菜夹到他碗里,温柔地提醒他慢慢吃。在临睡时,帮孩子铺好被子,并亲吻他道声"晚安"。做这些事,花不上父母几分钟,但在特殊时期会让孩子觉得,父母依然很爱自己,只是小宝宝太小,更需要照顾。这样,孩子的失落感就会少许多。

(二)父母的爱和能力有限,难以平衡怎么办

对于普通家庭来说,家里多了一个甚至两个孩子,经济压力肯定会增加。毕竟对于大多数家庭来说,家庭经济条件是有限的资源,家庭成员一多,每个人分的份额就少。

同物质资源一样,父母的爱同样也是一种有限的资源。孩子的增加,无疑会增加对父母精力和时间的消耗。每个孩子都想要得到父母更多的陪伴,然而大部分父母面临工作与家庭的双重压力,对于多孩家庭的父母来说,这无疑是一项巨大的挑战。完成工作回到家时已经是满身疲惫,此时,面对大量的家务劳动和孩子不同的陪伴需求,要想让每个孩子得到属于自己的满意陪伴,并不是一件简单的事情。

建议父母在与孩子相处时,要用心陪伴,让孩子体会到家庭的温暖与欢乐。在当今的社会环境下,有时父母不能同时休假,孩子的年龄不同,也有不同的安排与需要。此时,家庭成员可以尽量以不同的组合方式相处。

(1)如果父母有机会带着孩子外出,尽量带着所有的孩子一起外出,如若实在不行,应向孩子说清楚,照顾到孩子的感受。

（2）刚出生的宝宝更多的是吃和睡，所以妈妈可以分出更多的时间和精力来陪伴大些的子女。

（3）处理杂事的时候，父母可以尽量带一个孩子和自己一起去。

（4）除了全家人一起外出，每周都安排孩子与父母中的一人单独约会，如吃杯冰激凌、做点孩子感兴趣的事情。

（5）家长应每天抽出时间陪孩子读书，享受温馨的亲子时光。年龄差距较大的孩子阅读需求不同，每天由父母轮流陪伴不同的孩子进行阅读；对于年龄相近的孩子，也可以选择相同的读物，共享阅读时光。

（6）家长尽量保证每天接送孩子一次，可以在接送孩子上学或放学的路上与孩子进行单独交流。

（7）父母可以对陪伴孩子的时间进行分工。

（8）白天实在抽不出时间陪伴孩子的家长，可以以书信或便笺的形式给孩子写写心里话。当孩子早上起床后，看到父母写下的贴心话语，他们的不满会化为对父母的理解和支持。

如果孩子能够得到父母足够的陪伴，能够有与父母单独相处的机会，有专属于自己的亲子时光，父母就有机会和每个孩子培养良好的亲子关系，那将会成为孩子生命中最美好的回忆。

（三）如何处理孩子之间的纷争

七八岁的孩子与年龄较小的弟弟妹妹和较大的哥哥姐姐会相处得比较友善，但是如果一个家庭中有两个年龄相仿的孩子，那么家长需要接受这样一个现实：孩子们之间的争吵是非常常见的。许多家长可能为此深感苦恼，孩子们只要在一起，很容易大吵大闹甚至会动起手来。引发他们争吵的通常都是一些小事，例如，他们可能会因为某个玩具而吵起来。

引发争吵的问题不重要，但让孩子学会如何处理争执很重要。

独生子女家庭中的孩子要到学校甚至到了社会上才会学习到如何与人相处，他们长大后，面对人际冲突时更容易束手无策。而多孩家庭中的孩子在与兄弟姐妹相处的过程中，便开始学习与人相处。那些被人称为"社交高手"的孩子，许多都是从小和自己的兄弟姐妹一起长大的。在日复一日的相处中，他们知道了如何解决与别人的争吵，也学会了如何与人相处，如何更加巧妙地解决问题，而不是一味地试图通过争吵来解决，这反而会激化矛盾。

缺乏人际交往经验的孩子都不太擅长维持人际关系，而维持良好人际关系的技巧，需要在与人相处的过程中通过实践来学习。在与人争执的过程中，孩子会认识到怎样做能让别人愿意与他配合，怎样做得不到配合，甚至会加剧矛盾。

兄弟姐妹间的争吵可以帮助孩子学会妥协与合作，但这种争吵令家长感到十分苦恼。家长可以这样来解决：当孩子之间发生争执的时候，家长无须急着做出判决，而是放手让他们自己面对这些争执，试着自己解决。否则，他们不但无法从中学习相处之道，还会形成依赖，因为他们知道一旦争吵加剧，大人们就会出面帮忙解决问题，而这也会让家长不堪其扰。

作为家长，我们都希望孩子能够拥有成功的人生，那么，就要学会沉默、学会等待，学会等待他们自己解决问题。不要轻易介入或评判，不妨先让他们自己解决。因为家长一旦介入，难免有时会有失偏颇。永远不要低估孩子之间自行处理和调节争端的能力，也永远不要用成人的标准和眼光对待孩子之间的争端。

一旦真的这么做了，慢慢你就会发现，没有大人的介入，孩子之间的大多数争吵很快就会自行化解，而父母也会在不经意间收获在人际交往中如鱼得水的孩子。

（四）少拿孩子做比较

在家庭教育中，有一种父母最容易犯的教育错误就是将孩子做比较。这种错误在多孩家庭的父母身上表现得更为明显。很多父母都会用比较兄弟姐妹的方法来激励孩子中的后进者，但这样的处理方式，很容易造成家庭中子女关系失和。

家长这样的做法会导致孩子之间产生嫉妒与怨恨，难以和谐相处。家长不需要指出孩子在某一方面表现得比其他的兄弟姐妹更好，也没有必要将孩子进行不同方面的比较。

家长可以告诉孩子，"你在某一方面真的很有天分"，但不要说"你在某一方面做得比哥哥好"。这种说法对于哥哥来说是种伤害，这等于告诉他，他是家里表现最差的孩子。

有些时候，尽管父母能够不去主动比较孩子，但是孩子也可能会主动来寻求你的认可。男孩通常比较喜欢竞争，女孩会更加在意别人的看法，所以，孩子可能会问："我画得比她画得好看，对不对？""我跑得比他快，对不对？"我们需要提醒父母注意的是，在这种情况下，家长一定要认真考虑再作答，我们的回答很容易伤害到孩子。针对孩子的这种问题，家长可以说："这很难比较。你把房子画得很漂亮，房子的形状很特别；但是她涂的颜色很漂亮。"或者说："你跑得快一点是应该的，因为你比他大两岁呀。"

有些家长更欣赏活泼外向的性格，认为这种性格的孩子长大以后更受欢迎；有的家长会在无意中偏爱长相和性格更像自己的孩子。家长要反省自己是否有这种想法，并且要注意不让这种偏爱的想法显露出来，否则会引发孩子的嫉妒，让他丧失自信。

家长应当有这样的意识：与孩子相处的过程中，照顾到每个孩子的感受，主观臆断的比较会让孩子受到伤害，还会让孩子产生嫉妒和不公的心理。

家长们要牢记：我们能够为儿女做的最重要的事情，就是在他们幼年时，帮助他们建立亲密的手足关系。

1. 拒绝接受孩子之间互相告状

例如,家长可以告诉孩子什么是"告状",什么是"告诉"。如果孩子来告状,只是想让你批评他的兄弟姐妹,我们需要明确地告诉孩子,这种做法是不对的,要让孩子清楚地知道,你非常希望他们能友好、和睦地相处。

2. 鼓励孩子之间相互帮助

尽量让老大带着弟弟妹妹一起活动、玩耍;或给他们布置一个需要共同完成的任务,让孩子在相处的过程中学会通过协商来解决问题,学会与他人团结协作。例如,当小一点的孩子遇到困难时,让他去寻求哥哥姐姐的帮助;如果两个孩子的关系很好,可以鼓励他们一起完成一件事,如让他们一起做午餐或一起收拾房间。

3. 让孩子有家庭参与感

家长在教育过程中,要让孩子懂得,每一个家庭成员都是家庭建设的参与者。教会孩子和父母一起承担家庭责任,在问题出现时,共同想办法解决问题,而不是将问题抛给父母,自己当旁观者。例如,可以定期召开家庭会议,解决家庭中最近出现的问题。家庭中的一些大小事宜,也可以征求孩子们的意见,如周末到哪里玩耍,客厅要怎样布置。

家长在教育孩子的过程中,要将家庭事务适当地分配给孩子,让孩子认识到,自己在家庭生活中需要承担一定的责任和义务。对于年龄比较大的孩子,父母可以提供机会让他们做些力所能及的事。比如,给小宝宝唱唱歌,陪他们说说话;在妈妈忙碌的时候,帮妈妈给小宝宝找换洗的衣服;学着给小宝宝泡奶粉。父母要对孩子的帮助及时进行肯定与感谢,并对孩子投以赞许的目光,这会让孩子在参与过程中感受到成长的价值。而父母的肯定与赞赏,更弥补了父母不能如以前一样陪伴的遗憾。

家庭中的每个成员都做好自己应该做的事,家庭氛围就会更加和谐,就会充满温馨和欢乐。孩子在这样环境中成长,身心会更加健康,性格会更加开朗。

四、教学参考

【活动目标】

1. 帮助家长了解生二胎或三胎后,一些长子女发生变化的原因。
2. 帮助家长找到正确处理亲子矛盾的方法。

【活动时间】

40分钟。

【活动材料】

多媒体课件、卡纸等。

【活动方法】

案例分析、问卷分析。

【活动过程】

1. 调查分析，引发思考。出示调查结果，提出问题。家长交流在亲子沟通中遇到的困惑；家长将二胎出生后，与长子女沟通最困难的事或者最心烦的事写在卡片上。

2. 呈现案例，剖析原因。分析二胎出生后，长子女发生变化的内因与外因。

3. 交流沟通，经验共享。

一是接纳情绪。让家长进行经验交流，找到接纳长子女情绪的有效方法，引导其宣泄不良情绪、表达愿望，预防矛盾的发生。同时，使家长明确，高质量陪伴有助于家长与长子女形成良好的亲子关系。

二是化解矛盾。通过播放案例，使家长了解如何处理孩子间的矛盾，学会培养孩子自主处理矛盾的能力。借助优秀家长的经验交流，将家长的研讨引向深入。

三是关注个体，按需施爱。将"关注个体，按需施爱"作为本节课主旨的升华，为家长提供解决亲子矛盾的根本方法。通过对比案例，让家长更加具体地认识到，孩子之间争夺的是父母的爱。因此，按需施爱才能真正化解矛盾，建立良好的亲子关系。

4. 回顾提升，学以致用。每个小组选取一个最有把握解决的问题，利用本节课学习的内容，组内交流解决方法。

【活动提示】

在活动中，围绕以下问题进行充分讨论。

1. 在二胎出生后，与长子女沟通时最困难的事，或者最让家长心烦的事。
2. 二胎出生后，家长的变化是长子女发生变化的主要外因。
3. 面对长子女的各种情绪，家长该如何帮助其认识情绪、宣泄情绪？
4. 如何看待孩子之间的矛盾？家长该怎么做？
5. 当家长与孩子有矛盾时应怎么处理？
6. 如何公平地对待每一个孩子？

主题 18　正确面对校园欺凌

校园欺凌在小学低段儿童之间发生得比较少，但会发生跨年级的欺凌行为。因此，学校和家庭在教会孩子与同学相处的同时，有责任帮助孩子应对和处理校园欺凌现象。本主题中，教师要引导家长及时发现欺凌行为，适时介入，杜绝欺凌。

一、案例描述

"小凯，快点！再不出门，今天上学又要迟到了！"妈妈焦急地催促着。"妈妈，我再喝一口水……我去趟厕所……我好像今天上课的书没拿齐，我再检查一下书包……"几分钟后，小凯被妈妈生拉硬拽地出了家门。刚刚出了小区大门，小凯又大叫："妈妈，我的橡皮忘记带了，必须回家拿。"妈妈因小凯拖延时间被连累上班迟到，此刻怒气冲冲地拒绝了小凯的请求，小凯只得无奈地拖着脚步挪向学校。

自从三年级开学以来，这样的情景每天早晨都会发生。小凯说不喜欢上学，但是又不肯说原因。

低年级时，小凯学习成绩一直非常好，性格也很开朗，好朋友很多。刚上三年级时，爸爸病逝，妈妈独自带着小凯生活，爸爸的离开让小凯和妈妈都非常伤心。班里的同学也陆续知道了小凯爸爸离世的消息，大部分同学都很关心小凯，但也有个别顽皮的同学偶尔会嘲笑小凯没爸爸。每当此时，小凯都会回到家紧紧地抱着妈妈，母子俩再次抱头痛哭。妈妈不断告诉小凯，只有好好学习、变得强大，才不会受欺负。

后来，小凯哭得少了，但是学习成绩一直下滑，经常和妈妈说有同学欺负他，不想上学。妈妈很生气，认为这是小凯逃避学习的借口，并且说："他们为何不欺负别人？一定还是你不好，不要总是说别人，要多反思自己。"

三年级下学期，小凯厌学的情况更加严重了。下午放学后经常晚回家，也不说放学后去哪里了，学习成绩直线下降，回家也很少说话了，还多次半夜被噩梦惊醒。即使是妈妈变着花样做的营养美食，小凯也总说没有胃口。老师说小凯没有朋友，在学校都是独来独往,此外,除了在校一样拖拉外,并没有发现任何其他的异常。

一个星期五的下午,妈妈和往常一样,下班回家给小凯准备了一顿丰盛的晚餐,并计划着带他出去散步,放松减压,迎接即将到来的期末考试。可是一直等到天黑了,还是不见小凯的影子。妈妈给老师和周围同学打了一圈电话,大家都不知道他的去向,但是老师清楚地记得,放学时小凯站在队伍里和大家一起出了校门。小凯妈妈夺门而出,一边哭,一边喊着小凯的名字四处寻找。老师和几位热心的家长也相约赶来了,一起帮忙寻找小凯。又一个小时过去了,天已经完全黑了,可是依然没有看到小凯的踪影,越来越多的热心家长和老师都自发赶到了学校。

"找到小凯了!"大家马上都顺着声音的方向飞奔了过去。一位同学的爸爸抱着小凯从学校旁的公共厕所里走了出来。身上一丝不挂的小凯,没有哭,表情呆滞。妈妈疯了一样地冲过去,紧紧地抱住小凯大哭。几分钟后,小凯才缓过神来,看着自己的妈妈也大哭起来。

原来,有三个身强体壮的外班男孩总是欺负小凯,逼迫小凯去学校旁边的小卖部去给他们偷零食。小凯认为这样做不对,因此拒绝,男孩们就对小凯拳打脚踢,并威胁他如果敢告状,就天天打他。瘦弱矮小的小凯几次反抗都以失败告终,多次走到老师办公室门前想告状,但最终都退缩了。他回家和妈妈提过几次,但是妈妈总是让他自我反思,这让他不知所措。今天下午,三个男孩再次逼小凯给他们偷零食,小凯拒绝,于是三个男孩就把小凯的衣服扒光扔到草丛里,然后扬长而去,小凯只能躲进了男厕所,不知该怎么回家。得知事情的原委,大家都非常震惊和气愤,更加心疼小凯。回到家里,妈妈整晚都紧紧地搂着小凯,生怕手一松开会失去儿子。

学校严肃处理了这起恶性事件,但是小凯和妈妈更需要的是心灵的慰藉。几天后,妈妈和小凯的心情都平复了很多,妈妈再一次就自己的疏忽郑重地向小凯道歉。为了更好地帮助儿子健康成长,妈妈和小凯一起进行了关于防范校园欺凌的知识学习。小凯知道了面对校园暴力要勇敢地说"不",要立刻采取科学的方式保护自己,惩戒恶劣行为,对严重的暴力行为要用法律方式来维护自身权益等。除此之外,小凯的妈妈也主动对家庭教育等知识进行了学习,希望更好地帮助、陪伴儿子成长。妈妈和小凯还共同商定了"谈心日",约好每个星期五进行心灵的深入沟通,互相交流自己的生活、学习情况,彼此加油,共同成长。

新学期开始了,小凯的学习成绩稳步提升,也拥有了很多好朋友,因为进步很大,老师和同学共同推选小凯为学校的大队委员,小凯和妈妈别提多开心了。

二、案例分析

校园欺凌是指发生在校园内外,以学生为参与主体的一种攻击性行为,是指同学间欺负弱小、言语羞辱及敲诈勒索甚至殴打的行为等。校园欺凌可以发生在校园内、学生上学或放学途中、学校的教育活动中,由同校学生或校外人员,蓄意滥用语言、躯体力量、网络、器械等,针对学生的生理、心理、名誉、权利、财产等实施一系列消极行为以达到某种程度的侵害的行为。它既包括直接欺凌,也包括间接欺凌。校园欺凌多发生在中小学,当前全球的校园欺凌现象都十分常见,各国政府和各国际组织也出台了相关法律法规、政策及文件,我国也是如此。

(一)校园欺凌的类型

常见的校园欺凌类型有言语欺凌、身体欺凌、社会性及精神欺凌、网络欺凌。

1. 言语欺凌

言语欺凌是一种语言敌意或攻击,可能发生于儿童或成人、男性或女性等各种人群,家庭、学校等各种场所。欺凌者也被称为侵犯者,故意试图通过嘲弄和调侃的方式在言语上激怒受害者。2017年5月发布的《中国校园欺凌调查报告》显示,言语欺凌行为发生率明显高于人际关系、身体以及网络欺凌行为,占23.3%。言语欺凌作为一种软暴力,比肢体欺凌带来的伤害有过之而无不及,甚至会给青少年留下永久的心理创伤。

小学生言语欺凌的表现形式很多样,一般有说脏话、起外号、戏弄取笑、辱骂、非意愿地被强制性命令和使唤等。言语欺凌的受害者往往被同伴讥笑和排挤,并被贴上各种负面标签,受害者容易出现自卑、压抑、消极、抑郁等性格特点,甚至出现厌学逃学、悲观厌世、自伤自杀等消极行为。案例中,小凯就是因为爸爸去世被同学嘲笑而开始厌学、逃学。

言语欺凌往往容易被人们所忽视,但这些欺凌容易给青少年带来很深的伤害。贵州师范大学心理学副教授黄亚夫认为,当言语欺凌发生时,一个群体,多次、长期地对一个人进行攻击,证明这个受害者的同伴交往是不健康的。而一个孩子的成长,恰恰需要从健全的同伴交往中获取能量,通过这种能量,将自己嵌入集体和社会中。这是言语欺凌对青少年最严重的危害。

言语欺凌对于欺凌者自身也会产生危害。例如,有一类欺凌者对他人的感受没有同情心,深陷自己的世界中,外表看起来似乎他自信满满,实为自卑的另一种外现形式,以自恋的方式表现出来而已。还有一类欺凌者受他人社会行为的影响非常大,他们会通过跟从他人一起参与言语欺凌的行为以获得在社会群体中的地位,这种欺凌行为在青少年中很常见。例如,被欺凌者可能会因为太瘦或太胖,或者因为某个特点而遭受言语欺凌。案例中的受害者小凯就是因为父亲去世和遇到事情忍气吞声从而给欺凌者更多的欺凌机会。

2. 身体欺凌

身体欺凌是指非法使用武力,如袭击他人、剥夺他人自由,给他人造成人身伤害的行为。

身体欺凌包括踢打、抓咬、勒索、抢夺、囚禁等身体攻击性行为,还包括破坏或销毁被欺凌者的衣物和物品等行为。虽然身体欺凌是最明显也是最容易被识别的欺凌形式,但在所报告的欺凌事件中,身体欺凌仅占1/3。它很少被欺凌者作为首选的欺凌形式使用,身体欺凌常常始于言语欺凌、关系欺凌,当欺凌者发现上述两种行为可以得逞时,他们才会实施身体欺凌这种伤害程度更严重、欺凌结果更明显的欺凌形式。欺凌者越是年长和强壮,伤害就越具有危险性。

受欺凌者因受到伤害而对欺凌行为发生的场所产生负性记忆,会有焦虑感和恐惧感,缺乏安全感,这种体验会使他们逃避某些场所,如逃学、避免到学校的某些场所。受欺凌者还会因害怕受欺凌而不愿上学,久而久之会逐渐对学校失去兴趣。在学校时会出现上课注意力分散,经常不明原因地流泪,性情烦躁,甚至出现惊恐反应等表现,造成学习成绩不断下降。受欺凌者还会表现出破坏性或攻击性行为,他们在受到欺凌之后,可能会采取极端的或严重消极的措施对欺凌者做出反击,或者转而欺凌更为弱小的同学。

3. 社会性及精神欺凌

这种欺凌方式也被称为关系欺凌,包括故意损害被欺凌者的名声或对其进行侮辱的行为,如散布谣言,恶意的面部表情,开恶意玩笑或羞辱被欺凌者,用卑劣的方式模仿被欺凌者,鼓动同伴排斥被欺凌者。

女孩比男孩更有可能参与这种欺凌,其行为往往是在幼年时学会的。此类型的欺凌行为是最难识别的,因为可以私底下进行,但它是最有害的欺凌方式之一。

受欺凌者常常被孤立和排斥,难以形成良好的人际关系,他们在同伴交往中经常会表现出行为退缩,而这种行为退缩反过来又导致其社交技能更差,更不被同伴喜欢。经常遭受这种欺凌的儿童会感到被排斥、沮丧、自卑和委屈。

4. 网络欺凌

网络欺凌是利用数字技术进行的欺凌行为,即通过社交媒体、游戏平台、即时通讯平台等多媒体信息设备,以羞辱、恐吓、激怒他人为目的的欺凌行为。

随着新型科技和社交网站的普遍化使用,网络欺凌在不断发展和变化。网络欺凌扩大了欺凌的边界,无论何时何地,只要有网络,就可能会受到欺凌。

网络欺凌在青少年人群中发生较多且危害性较大。随着网络社交平台的盛行,网络欺凌开始全球化,成为越来越严重的社会问题。网络欺凌会对青少年造成巨大的心理伤害,影响其健康发展和成长。

(二) 对实施校园欺凌行为相关人员的危害

任何形式的欺凌行为都是不可接受的。因为欺凌不但会对受欺凌者造成伤害,对欺凌者和旁观者同样会造成伤害。

1. 欺凌者

欺凌者是指在校园内外实施欺凌行为的一方，其中包括主要欺凌者和欺凌协助者及支持者。主要欺凌者指欺凌事件的"主犯"，即在欺凌事件中起主要领导或组织作用的人，参与者往往在三人以上；欺凌协助者（或支持者）不是欺凌行为的发起人，但在欺凌开始后加入或协助欺凌，属于"从犯"角色，部分欺凌协助者是受欺凌者的恐吓和威胁而被迫参与欺凌行为的。欺凌者往往受其自身的挫败感、羞辱感和愤怒情绪的影响，具有较强的攻击性和反社会性，而个人心理疾病与社交障碍、家庭问题、社会压力等原因都可能导致欺凌行为的产生。欺凌者的欺凌行为是一种反社会行为，欺凌者违反社会行为规范和道德规则，对社会和谐与稳定、社会公平与正义造成极大破坏和恶劣影响。

2. 被欺凌者

被欺凌者即受欺凌者，是校园欺凌事件中的最大受害者，属于欺凌中弱势的一方。被欺凌者遭受欺凌的诱因很多，既包括外界欺凌者的挑衅与攻击，也包括被欺凌者自身的个性特征（如年龄、外貌形象、健康状况）、父母教养方式、家庭结构、校园环境、同伴关系等主客观因素。被欺凌者容易产生焦虑、抑郁、低自尊、孤独感、自杀想法等内化问题行为，也可能产生违反道德和社会行为规范的外化问题行为，如说谎、盗窃、逃学、攻击，被欺凌者可能因此被迫在同伴群体中被边缘化。

3. 旁观者

旁观者既不是欺凌者，也不是被欺凌者。他们不是校园欺凌事件的参与者，但目睹或听闻了校园欺凌事件的发生，在校园欺凌行为中处于旁观的位置。在欺凌事件发生时，旁观者可能采取三种行为："作为""不作为""对欺凌行为起哄"。"作为"是指及时为受欺凌者提供支持、帮助和保护；"不作为"是指拒绝为受欺凌者提供支持、帮助和保护；"对欺凌行为起哄"是指该旁观者并未表现出欺凌行为，但他的行为会让欺凌者感到被拥护和纵容，从而增强欺凌者的恶性行为。

旁观者的行为会产生"旁观者效应"：旁观者的"作为"能遏制欺凌行为，进一步减轻或缓解被欺凌者所受的心理伤害，并增强他们的亲社会行为；旁观者的"不作为"或"对欺凌行为起哄"则会助长欺凌行为，降低欺凌者的自责与内疚感，加剧对被欺凌者造成的伤害以及催生他们的反社会行为。

三、家庭教育指导要点

校园欺凌随时可能发生，家长一定要提高重视，教育孩子学会自我保护。家长首先要明确，校园欺凌不一定发生在校园内，放学后同学间的欺负行为也属于校园欺凌，而且校园欺凌会从各个方面影响孩子的健康成长。它不仅会对社会环境造成不良影响,还会影响到孩子的学习、人际关系以及生活的各个方面,并给孩子造成终生的心理阴影,因此,处理欺凌是非常必要的。然而,学校无法单方面解决这个问题,防止校园欺凌需要每一位家长的参与。

(一)预防校园欺凌教育要从小开始

小学教育作为教育的初级阶段,对儿童文化基础以及良好学习习惯的培养有着重要影响,再加上小学生普遍具有思维发育还不完善等特点,这对小学校园的教育计划以及保护措施提出了更高的要求。校园欺凌作为常见的小学校园问题之一,不仅会令学生的学习成绩下降,对其学习兴趣的培养也会造成严重阻碍,还会影响到小学生良好个性的培养。因此,从低年级开始对学生进行预防校园欺凌教育是非常必要的,让学生对自我的安全防护和校园欺凌的概念有初步的认识,并树立正确的防欺凌态度。

1. 防止成为"欺凌者"

(1)父母的教育观念影响其教育行为,父母必须正确认识欺凌的含义、表现特征和危害。欺凌方的父母要给予孩子严厉批评,拒绝纵容,坚决制止孩子的欺凌行为。小学阶段的孩子无法辨别同学之间是"开玩笑"还是欺凌行为,很多孩子在欺凌别人时并不认为自己正在实施欺凌,遇到这种情况,父母应清楚地告诉孩子什么是"欺凌"及其危害,告知孩子不要推打或嘲笑别的孩子,也不接受别人的类似行为。此外,批判的态度、武断的评价、伤人的笑话以及传播谣言也是不健康的,都会造成欺凌行为的发生,家长教育观念的转变会影响孩子与人交往的观念,从认知层面改变孩子对欺凌的认识,这是减少欺凌行为的重要措施。

(2)欺凌者可能曾经有过受欺凌的经历,导致其对他人产生报复心理,从而产生欺凌行为。有关研究发现,欺凌是后天习得的,有些欺凌者自身曾经是被欺凌的对象,或曾受到过家庭暴力,这些创伤经历会曲解青少年的认知,导致他们有了一定能力后会欺负比自己弱小的人,从心理上弥补曾经受到过的伤害。因此,父母一定要管理好自己的情绪,给孩子一个健康、和谐的成长环境,并用正确、积极的为人处世的方式和态度给孩子树立榜样。

2. 防止成为"被欺凌者"

家长要教育儿童加强自我保护意识。被欺凌方的家长要摆正态度,应告诉孩子什么样的行为是欺凌以及如果遇到欺凌行为应该怎么做。家长要让孩子清楚地知道,家长是可信赖的。

3. 培养健全人格,对校园欺凌"免疫"

(1)自信的孩子通常不会被欺凌。性格自信、开朗,善于沟通,勤于思考,善于动脑解决问题的孩子,综合应对能力较强,这样的孩子不容易被欺凌。这类孩子通常会主动出击,去解决给其制造麻烦的人,这样的做法对欺凌者也是一种较大的威胁。因此,欺凌者反而会躲避这样的孩子。

（2）有原则、有底线的孩子不易被欺凌。有一些孩子正直、勇敢、有底线，他们有的年龄虽小，身体也不是很强壮，但是不愿向恶势力低头，一身正气地不断反抗，寻求帮助，去对付和打击欺凌者。这样的孩子有安全感，认为一切不对的事情都应该被纠正，而且有着零容忍的底线，这些特质让欺凌者不敢欺负他。

（3）拥有良好的同伴关系和亲子关系的孩子不易被欺凌。大多数被欺负的孩子有一个共同点，就是比较孤僻，朋友少。同伴关系好、拥有很多朋友的孩子，他们的团体就是力量，会让欺凌者顾虑寡不敌众而远离。此外，亲子关系融洽的孩子安全感也强，他们勇敢、坚强，遇到困难也会及时地和家长沟通并学习各种交友和自我保护的技巧，这样的孩子自我保护能力很强。

（二）树立科学的教育观念

1. 帮助孩子正确认识什么是健康的友谊

孩子在日常人际交往中难免会因为意见不统一和同伴产生各种小冲突，这是很正常的。引导孩子正确认识同伴之间的矛盾，对孩子的成长和提高孩子处理人际关系的能力有重要帮助。在这个过程中，家长是导师，更是榜样。具体教育方法如下。

（1）教孩子分析问题产生的根源。同伴之间发生矛盾时孩子首先希望得到大人的帮助，尤其当孩子自认为有理的时候。父母一定要细致了解、客观分析孩子之间发生矛盾的原因，引导孩子科学认知并正确解决问题。

（2）如果启发孩子找出问题的原因后，孩子对处理和解决问题的方法仍然迷茫，或想出一些错误的解决方式，这时家长一定要站在公正和负责任的立场对孩子进行教育指导，培养孩子正确处理问题的能力和勇于承担责任的良好品质。如果问题还未解决，孩子的负性情绪仍在，家长可以建议孩子之间暂时适度保持人际距离，给彼此一个时间和空间，共同继续寻找彼此都能接受的解决方案，但不能批评、嘲讽和攻击。另外应教育孩子，帮助同学和解决事情都需要技巧，要循序渐进、换位思考，每个人都有优点和不足，同学之间要相互帮助、取长补短、一起进步。家长也可以积极主动地联系对方家长，共同引导孩子解决矛盾。

（3）当出现人际矛盾时，有的孩子不愿意主动面对、积极解决，也有的孩子会采取逃避的应对方式，这时，家长应多鼓励并陪伴孩子一起面对和解决事情，多用"你有什么好的主意""你认为正确的做法是什么"等问题引导孩子积极思考，让孩子感到自己有责任去面对和解决自己的问题。问题解决后，家长要及时表扬和鼓励，让孩子感受到成功的喜悦，增强自信。当再次发生类似事情时，有前期的成功经验，孩子就会有勇气积极解决问题。每一次的成功经历和体验对孩子来说都是一种学习和锻炼，是宝贵的成长经验，家长要做到"勿以恶小而为之，勿以善小而不为"，当好孩子的导师，做好孩子的榜样。

2. 加强对孩子的法制教育是让孩子健康成长的充分且必要条件

家长需要深刻地认识到，小学时期是孩子形成道德动机的重要时期，个性倾向对道德活动有着不可忽视的"唤醒功能"。对此，家长需要结合孩子的综合情况，实施道德教育和法制教育。具体来说，健康、和谐的成长环境及民主的教育方式是培养孩子思想品德和道德素养的关键，有利于孩子正确道德观念的形成。因为小学生尚处于成长发展的初始时期，年龄较小，缺乏生活经验和阅历，对一些是非判断尚不成熟。在这种情况下，思想道德教育的功能就得以发挥，可以引导孩子往正确的方向前进。与此同时，尽早对孩子进行贴近生活实际的道德教育和法制教育，能让孩子在道德的指引下进行正确的选择。

3. 形成正确的教养方式

无论是欺凌方还是被欺凌方，父母都要担负起教育权威者的角色。首先，对孩子的态度要积极、肯定和接纳，并对孩子有明确的教育要求；其次，对孩子的教育管理要建立在理性的基础上，向孩子提出教育指令或要求时，通常要先向孩子解释这样做的理由，同时也要认真倾听孩子的心声，考虑孩子的需要，一旦做出决定，就要求孩子坚定不移地执行，毫不妥协。此外，父母要给予孩子一定的自主成长空间，允许他们自主成长和探索。父母要全面关注孩子的健康成长和发展，这是减少孩子欺凌行为的重要措施。

4. 拉近父母与孩子的空间距离

父母与孩子的空间距离在一定程度上代表着父母的权威性，一般来说，父母与孩子的空间距离越近、相处的时间越长，能给予孩子的心理抚养越多，且对孩子的管束力越强，在孩子面前会有更多的权威性。相对父母与孩子长期分离的情况而言，与孩子的空间距离近的父母对孩子的认知、行为教育更加快速、有效且准确。父母要有意识地增加与孩子相处的时间，处理好工作与亲子陪伴的关系，让孩子在心理上认可父母、信任父母。小学阶段是孩子心理健康成长的重要时期，在这个时期，孩子的心理发展可塑性强，父母要抓住机会，在小学阶段及时纠正孩子的错误认知和行为。

（三）应对校园欺凌的行为指导

1. 教会孩子正确应对校园欺凌的方法

（1）保持镇定。

（2）求救，向路人呼救求助，采用异常行为举动来引起周围人注意。

（3）让孩子明确，人身安全永远是第一位的。可以试着通过警示性的语言制止对方，或通过有策略的谈话和借助周边环境来帮助自己摆脱困境，但避免激怒对方。

（4）在学校尽可能避免与同学发生冲突，一旦发生冲突要及时向老师寻求帮助。

（5）告诉孩子，如果遭遇校园欺凌事件一定要及时告诉家长，无论对方怎样恐吓都不要怕，家人永远都会保护他，因此要第一时间告知家长，不要自己承受身体和心理上的创伤。

（6）如果事态很严重，家长可以拨打110报警，让警察帮忙解决。

2. 家长如何应对孩子遭受校园暴力

孩子成长过程中经历的每次挫折，如果处理恰当，则都会成为孩子健康成长的积极动力和宝贵财富，关键取决于事情发生后家长的态度以及对孩子的教育和引导。被欺凌方的家长应做到以下几点，以帮助孩子应对校园暴力。

（1）直接与孩子讨论，鼓励孩子勇敢面对。如果孩子因恐惧、羞耻等原因逃避谈论，家长要多给予支持和鼓励，让孩子知道可以信任家长并随时能够得到家长的帮助和保护。

（2）确认学校是否对欺凌行为有正确的处理。

（3）如果欺凌发生在孩子上学和放学的路上，家长可以亲自接送孩子上学和放学，直到问题解决。

（4）如果孩子因性格内向等原因缺少社交，家长应多帮孩子安排同龄人聚会或参加孩子感兴趣的社会活动等，培养孩子的社交能力和技巧，帮助孩子建立自信。

3. 欺凌方的家长应采取准确有效的方式，彻底改正孩子的暴力行为

（1）要严肃、认真、明确地告知孩子，家长坚决不允许存在这样的行为，而且没有任何的理由和借口。

（2）制定一个有效而非暴力的惩罚措施。

（3）增强对孩子日常活动情况的了解和掌控，增加陪伴孩子的时间，并为他们制定规范。

（4）与学校合作，共同纠正孩子的不良行为，经常与学校老师保持联系。

（5）避免让孩子接触有暴力倾向的影片、书籍和相关玩具。

（6）确保家庭成员间没有暴力行为，因为孩子会模仿家人的暴力行为并应用于校园里。

（四）及时发现校园欺凌信号

1. 校园欺凌的信号

有的孩子在学校刚开始被人欺负时，常常会不敢或不好意思跟家长说，这就需要家长日常多注意观察孩子回家后的言行，以便早发现、早介入。

如果孩子近期出现下面这些情况，可以看作被欺凌的预警信号。

（1）身体伤痕。当孩子身体表面无故出现瘀伤、抓伤等人为伤痕时，家长要有所警觉。

（2）个人物品丢失或损坏。如果发现孩子的衣物、文具等个人物品经常性丢失或被人为损坏，家长要及时地主动询问孩子。

（3）上厕所的习惯改变。无论憋得多难受，孩子也一定要回家上厕所，这样的行为也是异常的，家长要及早警觉并了解情况。

（4）自尊心受挫。孩子放学回家后经常带着伤心、沮丧、烦躁等负性情绪，很可能是在学校受到言语讥讽等精神方面的伤害。

（5）自我伤害倾向。如果孩子出现任何形式的自我伤害甚至自杀行为，家长一定要高度重视。

（6）逃避上学。孩子突然非常不愿意上学，甚至采用装病、说谎、逃学等行为或借口逃避上学，家长要考虑孩子是否在学校发生了不顺利的事情。

（7）睡眠出现问题。当孩子遭遇暴力侵害时，在创伤应激期也可能出现失眠、噩梦、尿床等躯体化焦虑和恐惧的应激反应。

2. 当欺凌发生后，家长的应对策略

（1）冷静，孩子最重要。当孩子主动讲述欺凌发生的情形时，家长一定要首先保持冷静，不要慌张，要很好地倾听并做出回应，让孩子知道这个情况是完全可以控制的。要告诉孩子，无论发生什么事，父母都会帮助他、支持他。家长的冷静和坚定可以帮助孩子更有勇气去面对。

（2）共情，先别急于追问过多细节。家长要先从情感上支持、接纳孩子，不要一味地教育孩子反思自己或不要和同学计较等，这样会让孩子误以为发生欺凌事件是因为自身不够好，陷入更深的痛苦与自责之中。

（3）接纳，父母的完全接纳和包容。孩子在遭受欺凌后，很容易出现极端的情绪，并对人际关系抗拒，如不愿意上学。家长一定要宽容对待，因为孩子很可能正处于应激状态，防止对他产生重复性伤害。

（4）安抚，先平复孩子的情绪，满足孩子的情感需求。孩子在极度没有安全感的时候，更需要别人的关爱，尤其渴望家人的情感支持。家长要在第一时间让孩子感受到关爱和支持，越早地把负性情绪处理好，对孩子的伤害和日后的负性影响才能越小，情感支持比解决欺凌事件本身更重要。另外，让孩子看到家长处理这件事的态度和方法，对他来说也是学习应对问题的机会。

（5）感谢，夸奖孩子的勇敢和对家长的信任。家长要告诉孩子，你很感谢他能够信任自己，勇敢地告知发生的事情，愿意谈这件事情时，家长才有机会可以帮助你，"你这样做也是很了不起的"。

（6）让孩子接纳自己。孩子在受到欺凌之后，容易对自身产生怀疑，如果反击，可能会否定自己的品质；如果没有反击，也可能会评判自己太懦弱，这些都是对自己的否定，他会对自我认同产生怀疑："为什么遭受欺凌的是我呢？"替欺凌者找借口是受害者常见的应激反应,家长一定要教导孩子,包容自己,不要过度苛求自己,因为这件事永远不是受害者的错,而是欺凌者的错误。

四、教学参考

【活动目标】

1. 指导家长正确认知校园欺凌的概念,提高家长对校园欺凌的重视程度。
2. 指导家长对孩子进行防欺凌教育,教给孩子自我保护策略。

【活动时间】

40分钟。

【活动材料】

阅读材料、A4纸、笔等。

【活动方法】

活动体验、小组讨论、情景演练。

【活动过程】

1. 案例学习,敲响警钟。教师讲解案例,让家长结合案例谈一谈自己对校园欺凌的认识,明确校园欺凌事件会对孩子的成长产生严重的不良影响和后果。

2. 方法探究,科学指导。通过微课、绘本故事解析、理论学习等方式,教师指导家长教孩子正确认识什么是健康的友谊并学会人际交往技巧,从而帮助孩子树立正确的交友观和价值观。

3. 总结提升,实践运用。家长们根据所学制订出适合自己家庭的教育方案。

【活动提示】

在活动中,围绕以下问题进行充分讨论。

参考文献

[1] 曹书丽.家庭教养方式与中学生心理发展状况相关研究综述[J].文教资料，2011（5）：142-143.

[2] 单宁波.浅谈如何建立合理的家庭教育期待[J].家教世界·现代幼教，2016（10）：57-59.

[3] 沈卓卿.对孩子的合理期望[J].幼儿教育·父母孩子版，2019（6）：4-5.

[4] 袁宗金.儿童情绪管理的意义与策略[J].外国中小学教育，2005（1）：42-46.

[5] 侯敏.浅谈家庭教育中的儿童情绪管理[J].科学咨询（教育科研），2017（1）：45-46.

[6] 谭雪.小组工作方法介入小学生负向情绪管理的研究[D].辽宁：沈阳师范大学，2017.

[7] 张丰.浅谈心理暗示在幼儿家庭教育中的积极应用[J].消费导刊·理论版，2008（19）：184-185.

[8] 汤昕.不动声色教出好孩子：最有效的暗示教育[M].南昌：江西科学技术出版社，2011.

[9] 陈忻.挫折教育的核心究竟是什么？[J].陕西教育，2017（4）：24-25

[10] 曹楠.农村小学生课堂学习动机培养与激发策略[J].广东蚕业，2019，53（8）：134+136.

[11] 潘建安.论学习动机的培养与激发[J].品位经典，2020（2）：114-115+128.

[12] 涂开荣.培养学习动机，克服厌学情绪[J].教书育人，2019（23）：20-21.

[13] 鲁忠义.专心致志写作业——培养孩子的注意稳定性[M].家庭教育手册（二年级），2015.

[14] 魏永霞.小学阶段培养语文阅读能力的重要性探究[J].新课程研究（上旬刊），2019（2）：100-101.

[15] 刘启辉.家庭教育：给孩子成长的力量[M].青岛：青岛出版社，2019.

[16] 〔加〕沃尔夫冈·林登，保罗·L·休伊特.临床心理学[M].王建平，厨坯，译.北京：中国人民大学出版社，2013.

[17] 陈敬朴.问题行为、问题儿童及其判定[J].中国教育学刊，1993（4）：33-35.

[18] 杨海燕.3—6岁儿童心理健康水平与其父母教养方式的关系及其调查研究[J].新智慧，2021（20）：101.

[19] 东方基础教育研究中心.中小学生自理与劳动[M].北京：中国和平出版社，

2002.

[20] 吴广岭.小学实施养成教育的问题与对策研究——以南京市回龙桥小学为例[J].教书育人,2012（6）:16.

[21] 邓公明.患上了拖延症,该怎么办？[J].好家长,2017（1）:64.

[22] 王治芳.学会陪伴学会爱-三年级[M].济南:山东教育出版社,2020.

[23] 刘兰芳,田发虎,雒秀蓉,等.关于小学生交往和合作能力现状的调查[J].探索,2013（5）:11-12.

[24] 鲁忠义."伙伴危机"真的来了？——提高孩子与他人交往的能力[M].家庭教育手册(五年级),2015.

[25] 鲁忠义.和小朋友一起玩——培养孩子的社会交往能力[M].家庭教育手册（三年级）,2015.

[26] 王雪冰.3-6岁幼儿同伴冲突行为及解决对策研究[D].辽宁师范大学,2018.

[27] 主题8:人际交往 孩子与同伴交往常有矛盾,怎么办？[J].上海教育,2020（25）:111.

[28] 〔奥地利〕阿弗雷德·阿德勒.自卑与超越[M].李青霞,译.沈阳:沈阳出版社,2012.

[29] 马倩倩.二胎家庭中"老大"的一年级新生适应问题及对策分析[J].文化创新比较研究,2020,25:22-24.

[30] 黄晓莉.爱我就请看见我——二胎家庭背景下"大孩危机"班级辅导方案[J].中小学心理健康教育,2021,26:58-60.

[31] 张璐彦.让爱的天平不再失衡——基于"新二胎"政策的学生心理辅导与家庭教育探知[J].大众心理学,2020（2）:21-23.

[32] 王凤芹.孩子被校园欺凌:早发现,早预防[J].科普童话,2017（4）:34-35.

[33] 欧阳叶.旁观者效应对青少年网络欺凌的影响[J].中国学校卫生,2019(12):48.